절대 실패하지 않는

작은 학원
운영 백서

절대 실패하지 않는

작은 학원
운영 백서

성공을 위해서는
꼭 실패를 겪어야 할까요?

학생 수가 급격하게 줄어들고 있습니다.

그런데 줄어드는 게 학생 수 뿐일까요?

학원가에서 원장님들은 모두 한 목소리로 아우성을 칩니다.

"수업을 맡길 선생님이 없어요!"

새로운 강사를 구하기가 점점 더 까다로워지고 있습니다. 당장 새로운 강사를 채용하지 않으면 학생들이 떠나가고, 학원이 공중분해 되기 직전입니다.

사교육은 일반적인 직장과는 다른 시간관념을 가집니다.

해가 중천인 한낮에 출근해서 한밤중에 퇴근하는 직장, 중 · 고등부라면 주말 출근도 염두에 두어야 하며, 일 년에 네 번 있는 시험 기간 때에는 정규 수업 외에도 '시험 직전 보충'이라는 이름으로 노동 강도가 높아집니다.

수업은 또 어떤가요?

프랜차이즈 제도를 도입하거나 문제 은행 혹은 태블릿 수업을 실행한다고 하더라도 결국 최종 학생 관리는 강사의 몫입니다. 만약 강사가 아이들과 상성이 좋지 않거나, 수업 준비가 미흡하거나, 자기관리가 안 된다면 불만이 터져 나오는 것은 당연합니다. 최악의 경우 학원 이미지가 회복 불가능한 타격을 입기도 하지요.

아이들을 잘 컨트롤하고 실력도, 인성도 모두 갖춘 강사가 있다고 하더라도 원장님의 입장에서는 전전긍긍하기 마련입니다. 이렇게 삼박자가 맞는 강사들은 대부분 기다리던 '때'가 오면 곧바로 '독립'을 준비하기 때문입니다. 오죽하면 원장님들은 "오래 수업을 같이 할 선생님을 찾는 거라면 너무 완벽한 선생님은 피하라."라는 말까지 할까요?

문제는 강사진을 구성하는 일에서 그치지 않습니다.
학부모님의 연령대가 낮아지고 있다는 사실 역시 중요한 문제입니다. 예전과 달리 지금의 학부모님은 사교육을 직접 경험한 세대로, 듣기 좋은 이상적인 말과 실제 학습 현장의 괴리를 찾아내는 데 익숙합니다.

"우리 학원은 1대1로 개별 맞춤형 수업을 하기 때문에 아이들을 개별적으로 신경써 줄 수 있어요. 학원비를 내고 과외를 받는다고 생각하면 됩니다."라는 원장님의 말에 "한 반의 인원은 몇 명이죠? N시간 동안 우리 아이에게 배당되는 시간은요? 다른 아이를 봐 주실 때 우리 아이는 그럼 뭘 하고 있는 거죠?"라고 되묻는 것이 바로 '사교육 세대'인 지금의 학부모님이라는 것입니다.

또한, 교육에 대한 정보를 얻을 수 있는 매체가 늘어나다보니 자연스럽게 학부모님의 니즈는 세분화되기 시작했습니다. 성적과 관계없이 우리 아이에게 필요한 수업을 찾아 헤매는 것입니다. 게다가 눈높이는 또 어떤가요? 본인의 사교육 경험에 다양한 매체에서 접한 교육 정보가 합쳐지다 보니 사교육에 있어서는 '반 도사'가 된 학부모님이 많습니다.

운영에 대한 경험을 쌓는 일도 난점입니다.
예전에는 대형 학원 소속으로 장기간 근속하게 되면 교과 팀장에서 부원장이 되고, 월급 원장이 되어 운영에 대한 경험을 쌓을 수 있었습니다.

하지만 학생들 개개인의 니즈가 다양해짐에 따라 대형 학원은 줄어들고 1인 학원을 필두로 한 중소 학원이 강세가 되면서 신규 강사들이 여러 가지 노하우를 배울 수 있는 기회를 잡기란 좀처럼 쉽지 않습니다. 근속 기간도 점점 더 짧아지고 있습니다. 서울 지역 학원 강사를 대상으로 한 실태 조사에서는 강사들의 평균 근속 연수가 1년 3개월에 불과하며, 1년 이하 근속자도 50%가 넘는다고 합니다.
신입이 충분한 경험을 쌓기도 전에 이직이 반복된다는 것은 그만큼 사교육 시장이 불안함을 보여주는 단적인 예시지요.

지금은 학원 팽창기가 아닙니다.
강사 수급은 어려워지고 학부모님의 눈높이는 올라갔으며, 학생 수는 매해 급감하는 중입니다. 나만의 학원을 창업하고자 하는 예비 원장님들은 선배들의 도움 없이 맨땅에 헤딩하는 식으로 하나부터 열까지 몸으로 겪으며 배워야 하는 시대가 되었습니다. 강의 경험은 돈을 받고 쌓았는데, 운영 경험은 생돈을 들여가며 얻어야 하는 것이지요.

하지만 자본력이 약한 작은 학원은 1년, 2년을 버텨가며 지역 학부모님과 학생들이 우리 학원의 존재를 알아주기까지 기다릴 시간이 없습니다.

이 책은 사교육 전문가 6인이 뭉쳐 예비 원장님들의 멘토가 되어 직접 겪지 않아도 되는 시행착오는 겪지 않길 바라는 마음으로 세상에 나왔습니다.

실패는 성공의 어머니라는 말이 있습니다.
하지만 저자 일동은 '굳이 성공을 위해 실패를 경험할 필요가 있을까?'라는 의문을 가졌습니다.

혹자는 지금을 각자도생의 시대라고 하지만 우리는 함께하는 힘을 믿습니다.

사교육계에 뛰어들고자 하는 신규 강사와 강사에서 원장으로 포지션을 바꾸고자 하는 사교육 창업 희망자들, 그리고 이미 운영을 시작했지만 어려움을 겪고 있는 사교육계 소상공인들에게 피할 수 있는 비는 굳이 맞지 않는 방법을 공유하고, 고민의 시간은 줄일 수 있는 나침반이 되고자 합니다.

저자 일동

차례

PART3

운영의 시작

: 성공할 수밖에 없는 학원의 10가지 공통점

억대 매출 학원 만들기

: 작은 학원을 고속 성장시키는 법

PART5

솔직담백한 Q&A

: 베테랑 원장님들의 학원 운영 꿀팁

| 에필로그 |　　**우리는 교육을 팝니다.**

PART 1

사례 분석

실패하는 학원, 성공하는 학원

실패 사례: 기껏 신규 반을 만들었는데 반이 채워지질 않아요.

다년간 과외를 하며 모은 경험과 자본으로 고심 끝에 친구 네 명과 의기투합하여 학원가 중앙에 신규 학원을 오픈한 A 원장님은 대마불사[1]를 외치며 처음부터 대형 학원을 운영하고자 했습니다.

"지금 우리가 과외를 하면서 데리고 있는 학생 수도 있고, 우리 네 명이 같이 운영을 할 테니 처음부터 크게 가자!"

호기롭게 200평대 상가 건물에 인테리어도 멋들어지게 하고 신문 전단지, 삽지 홍보뿐 아니라 마을버스 광고란에 홍보까지 하며 준비했습니다. 홍보비 역시 만만치 않게 들었지요. 생각보다 가파르게 올라가는 초기 준비 비

---

1) 바둑에서 대마가 결국은 살 길이 생겨 쉽게 죽지 않는 일. 돌덩이가 큰 대마는 여러 방면으로 활로를 모색할 수 있으며, 대마가 잡히는 것은 패배나 다름없기에 기사가 혼신을 다해 살리려 하므로 쉽게 잡히지 않는다는 말.

용에 마음 한 편이 불안해졌지만 각자가 데리고 있는 학생들을 모두 학원에 등록시키고 소위 말하는 '오픈발'도 있을 거라 불안감을 억눌렀습니다. 그리고 마침내 학원 오픈!

기존의 과외 학생들을 모두 학원으로 데려오지는 못했지만 씨앗 학생들이 있어 회계상으로는 적자는 아니었습니다. 그러나 조금씩 문제가 생기기 시작했습니다.

과외를 할 때 신규 학생의 유입은 기존 학생의 소개를 바탕으로 이루어져 대부분 비슷한 수준, 학년, 학교의 학생들이었습니다. 그런데 학원 확장 후에는 학년도, 학교도, 수준도, 진도도 모두 천차만별의 학생들이 중구난방으로 상담을 하러 오기 시작한 것입니다.

"진도가 맞지 않아 새로운 수강생이 들어갈 만한 적당한 반이 없어도 일단 거절하지 말고 신규 반을 개설하자. 계속 거절만 하다가는 언제 대박을 치겠어? 일단 반이 만들어지면 채워질 거야!"

그렇게 A 원장님의 학원에는 새로운 반이 계속 개설되었지만, 1~2명의 학생만 있는 반은 생각만큼 신규 학생들로 잘 채워지지가 않았습니다.

불안감은 점차 커졌지만, 실력으로 증명해 보이겠다는 일념 하나로 학생들의 성적을 고속 상승시키기 위해 새로운 반의 학생들을 열심히 가르쳤습니다. 열과 성을 다해 가르친 보람이 있었는지 학생들의 성적은 많이 올랐습니다. 하지만 추가로 등록하겠다는 신규 학생들은 생각보다 많지 않았습니다. 학원가는 이미 학원들로 포화 상태인 만큼 한 번의 좋은 결과로는 학생들과 학부모님의 마음을 사로잡을 수 없었던 것일까요?

추가 학생이 등록한다고 하더라도 등록한 지 일주일만에 그만둔다는 기존 학생, 결국에는 다시 한 반에 학생이 한 명만 있는 상황이 반복됩니다. 신규 공부방 또는 학원을 운영하고 계신 원장님이라면 분명 많은 공감이 되었을 것이라고 생각합니다. 과외 혹은 월급 · 비율제 강사로 승승장구하다가 학원으로 나와 고배를 마시는 경우가 왕왕 있습니다.

잘 가르치기만 하면 운영도 잘될 것이라고 생각했겠지만, 교육의 경험과 운영의 능숙함은 매우 다른 문제라는 사실을 먼저 인정해야 합니다. 교육자로서 훌륭한 역량을 지녔다 할지라도 사업 실력까지 갖추기는 쉽지 않습니다. 그러므로 자신에게 사업적 수완이 있다는 것을 확신할 수 없는 단계에서 무턱대고 큰 규모의 학원을 시작하는 것은 굉장히 위험한 선택입니다.

학원의 규모가 크면 클수록 지출되는 월세와 관리비, 잡비는 기하급수적으로 늘어납니다. 문제는 사교육은 이미 포화 상태에 접어들었기 때문에 개원과 동시에 손익 분기점까지 도달하기가 굉장히 어렵다는 점입니다. 이제는 더 이상 깔끔하고 화려한 학원 간판이 학생과 학부모님에게 신뢰를 주는 시대가 아닙니다.

그렇기 때문에 지금 당장 자금 상황이 좋지 않다는 이유로 무리하게 진도에 맞지 않는 신규 학생을 받은 뒤 새로운 반을 만들고, 그 반에 학생이 채워지기만을 기다리는 것은 현명하지 못한 선택입니다.

자, 원장님이 그 반의 한 명뿐인 학생이 되었다고 생각해 보세요.

나만을 위해서 기존에 없던 새로운 반이 만들어지고, 학원비로 단독 과외를 받는 상황입니다. 이렇게 선생님의 온전한 관심을 받으며 수업을 듣다가 이후 다른 학생이 추가되면 이 학생은 자신이 새로운 학생 때문에 '손해'를 보고 있다고 여기고 맙니다. 과외처럼 해 오던 수업에 익숙해져 지금까지 자신이 특혜를 받고 있었다는 사실을 까맣게 잊어버린 것이지요.

그러니 만약 진도가 맞지 않는 신규 학생을 받을 때는 일정 기간 동안만 일대일로 수업하여 진도를 맞추고 이후에 기존 반에 편입시키는 방법을 쓰는 것이 좋습니다. 또한, 이후 이 반에 새로운 학생이 들어올 수 있으며 만약 몇 개월 이상 새로운 학생이 들어오지 않는다면 폐강될 수 있다는 사실을 반드시 사전에 고지해서 혹시 모를 클레임을 방지해야 합니다.

사례 분석 노트

〈실패 이유 체크하기〉

- A 원장님
  - 사업적 수완이 확실하지 않은 상태에서 큰 규모의 학원을 창업함.
  - 무리하게 진도가 맞지 않는 학생을 무작정 받고, 반을 구성함.
  - 새로운 학생을 받는 데에 급급해서 기존 학생 관리를 놓침.
  - → 학원이 손익분기점에 도달하지 못하고 학생(고객)이 학원을 그만두는 현상이 반복됨.

〈핵심 포인트 정리〉

- 학원 운영의 원칙
  - 학원의 규모가 클수록 초기 비용, 운영 비용이 높아짐을 명심하기!
  - 진도가 맞지 않는 학생을 받을 때는 개설된 반에 기한을 두고 폐강될 수 있음을 사전에 고지하기!
  - 기존 학생들의 퇴원을 막을 수 있는 소구 포인트 분석하기!

성공 사례: 오픈과 동시에 월 천 달성!
1인 공부방의 저력

대단지 아파트가 아닌 빌라에서, 프랜차이즈도 아닌 개인 공부방으로, 심지어 이 지역 토박이도 아니고 연고 없는 지역에 이사를 와서 개원한 1인 공부방임에도 개원과 동시에 월 천만 원의 매출을 달성한 경우도 있습니다.

공부방은 원장님의 주거지에서 수업을 하는 구조이기 때문에 매출은 고스란히 수입으로 연결됩니다. 이러한 점을 생각해 보면 직장인의 실수령액을 기준으로 B 원장님의 연봉은 무려 1억 2천만 원에 달합니다.

"운에 맡겨서는 안 됩니다. 하나부터 열까지 계획이 필요해요."

B 원장님은 자신의 성공이 운이 아닌 계획 덕분이라고 말합니다. 한두 번 반짝 '월 천만 원'을 달성하는 것이 아니라 수년 째 꾸준한 매출을 유지하기 위해서는 우연과 단기 화제성에 기댈 수 없다는 것입니다.

B 원장님은 개원할 지역에 대한 조사부터 시간표 작업, 사전 홍보까지 이미 개원 반년 전부터 착실하게 계획했습니다. 원장님만의 자신감을 높이기 위해 상담 연습을 하고 수업 준비와 더불어 자격증을 취득했으며, 각종 수업 자료도 미리 만들었습니다. 그리고 이러한 모든 과정을 온라인으로 기록해서 해당 지역 학부모님의 기대감을 높여 갔지요.

섬세한 준비 과정은 곧 신입 원장님의 열정과 전문성으로 받아들여졌고, 공부방 개원 지역으로 이사를 가기 전임에도 불구하고 상담 문의가 일주일에 5~6건씩 줄을 이었다고 합니다. 열정 넘치는 원장님을 찾기 위해 학부모님이 평소 손품과 발품을 얼마나 들이는지도 느껴지나요?

B 원장님이 개원 전 블로그를 통해 기록한 내용

- 원장님의 교육관과 지금까지의 경력에 대한 소개
- 지역 학교의 커리큘럼 분석: 교과서, 부교재, 시험 난이도 분석 등
- 지역 특성에 맞는 입시 정보 적용 및 구체적 학습 방법 제시
- 학생들의 진로 코칭을 위한 자격증 취득: 청소년 진로 상담사 등
- 타깃 학년이 주로 사용하는 문제집 정밀 분석
- 성향 · 성적별 학생들을 위한 맞춤형 조언 준비
- 학부모님이 자주 묻는 질문에 대한 답변
- 예상 개원 일정과 클래스 소개

온라인으로 기록을 남겨 두는 것은 개원 전이라도 할 수 있는 일이고, 지역에 구애를 받지도 않습니다. 게다가 기록을 위해 만든 자료는 차곡차곡 쌓여 개원 이후에도 다른 곳과 차별화되는 원장님만의 자산이 됩니다. 몇 년

동안 꾸준히만 한다면 그 자체만으로도 남들은 억만금을 주어도 가질 수 없는 경력 증명이 되기도 하지요.

B 원장님의 또 다른 전략은, 바로 타깃을 세분화했다는 것입니다.

"어차피 공부방은 대형 학원처럼 많은 학생을 가르칠 수 없습니다. 그러니 진짜 '전문'이 무엇인지 보여 주기 위해 공을 들였지요."

학원가를 지나며 학부모님의 시선으로 간판이나 각종 배너, 홍보 문구 등을 살펴보다 보면 '대체 이 학원은 무슨 전문이라는 거지?'와 같은 의문을 가지게 될 것입니다.

학원은 분명 하나인데 수학도 전문, 영어도 전문, 국어도 전문, 심지어 초등·중등·고등 전문이라는 말이 동시에 붙어 있기도 합니다. 학원 앞에 세워져 있는 입간판에는 지역 내 모든 학교의 이름 옆에 '전문'이라는 말도 적혀 있습니다. 학원의 입장에서는 나름대로 여러 고객의 니즈를 만족시키고 싶었던 것일지도 모르겠지만, 결국 고객의 입장에서는 파는 메뉴만 수십 가지인 분식집이 되고 마는 것입니다.

메뉴만 수십 가지인 곳을 전문점이라고 부르지는 않지요? 학원도 똑같습니다. 대형 학원일 수는 있어도 전문 학원으로 받아들여지지는 않는다는 것입니다. 소규모 공부방이나 교습소, 학원일수록 오히려 타깃을 세분화하는 것이 초반에 자리 잡는 데는 훨씬 유용합니다.

"원생 수 30명만 확보하면 된다는 생각을 하니 목표 학교와 학년을 줄이는 데 부담이 없었습니다. 인근에 위치한 1개 중학교와 1개 고등학교 학생만 생각하더라도 모두 6개 학년이니 학년당 5명을 모집하는 건 어렵지 않다고 판단했지요."

B 원장님은 공부방이 자리 잡을 위치에 있는 '◆◆중학교와 ▲▲고등학교 전문 영어 학원'이라는 타이틀을 걸고 해당 학교의 분석 자료들을 쌓는 데 집중했습니다. 교과서를 단원별로 분석하고 부교재의 핵심 단어와 문법을 정리했으며, 이를 통해 예상 시험 문제를 뽑고 연습용 테스트를 만들었지요. 인터넷에 기록을 할 때도 제목에 해당 학교 명칭을 언급하여 키워드 검색에 노출되도록 만반의 준비를 마쳤습니다. 기출문제 공유 사이트를 통해 두 학교의 기출문제를 예전 것까지 모두 모은 뒤 시험 출제 경향을 파악하고, 이를 기반으로 상담을 진행하니 '전문성'에 목말랐던 학부모님 사이에서 순식간에 소문이 돌기 시작했습니다. 결국 목표로 했던 두 개의 학교뿐만 아니라 원장님의 열정과 실력, 전문성에 반한 다른 학교의 학생들까지 B 원장님을 찾아왔습니다.

"확장은 이렇듯 자연스럽게 따라오기 마련이니 걱정하지 않아도 됩니다."

이처럼 정신이 없을 수밖에 없는 개원 초기에는 의도적으로 타깃을 좁혀서 전문성을 확보하는 데 집중합니다. 그 후 운영을 하면서 노련해졌을 때 점차적으로 클래스를 늘린다면 무리 없이 안정적인 운영이 가능하다는 조언을 기억하세요.

사례 분석 노트

〈성공 이유 체크하기〉

- B 원장님
  - 온라인으로 학원의 성과 기록을 차근차근 업로드 함.
  - 타깃을 좁혀 전문성을 확보하는 데에 집중함.
  - → 꾸준한 성과 관리와 학생 및 학부모님 분석으로 자연스럽게 공부방 확장의 기회가 찾아옴.

〈핵심 포인트 정리〉

- 학원 운영의 원칙
  - 성공은 하루아침에 이루어지지 않는다. 개업 전부터 학원의 성과 기록지를 만들어 두자.
  - 단계적 성장을 위해 예상 소비 자층을 분석하고, 그에 맞는 세분화된 커리큘럼을 준비하자.

사례 분석:
성공하는 원장님의 체크리스트

성공하는 학원들의 공통적인 특징을 체크리스트에 정리해 보았습니다. 원장님의 학원은 얼마나 준비되어 있는지 확인해 보세요.

	체크해 보세요.	
1	개원 지역에 위치한 학교의 등 · 하원 시간을 알고 있다.	☐
2	개원 지역의 학년별 교과서 및 부교재를 알고 있다.	☐
3	오프라인 홍보를 위해 전단지 또는 배너에 넣을 내용을 정리해 두었다.	☐
4	온라인 홍보를 위해 블로그를 개설했다.	☐
5	해당 지역의 평균 학원비를 알고 있다.	☐
6	해당 지역 학부모님의 교육열 정도를 알고 있다.	☐
7	학부모님 상담을 위한 자료가 준비되었다.	☐

8	학생들의 레벨을 테스트 할 자료가 준비되었다.	☐
9	숙제 관리, 보충 기준, 학원비 확인 등을 위한 서류 작업이 완성되었다.	☐
10	주력 타깃 학생을 구체적으로 설명할 수 있다. (수준, 학교, 학년, 과목 등)	☐
11	교육 관련 최신 이슈 및 동향에 대해 쉽게 설명할 수 있다.	☐
12	학생의 상황에 따른 맞춤별 조언을 할 준비가 되었다.	☐
13	다른 학원 · 공부방과의 차별점을 확실하게 말할 수 있다.	☐
14	원장님의 교육관을 한 문장으로 정리할 수 있다.	☐
15	학생에게 제시할 비전을 한 문장으로 정리할 수 있다.	☐

※ 읽어 봅시다.

실패하지 않는 원장님의 10계명

1. 듣는 것을 멈추지 말라.

학원업은 고립되기 쉬운 업종입니다.

고립은 고집을 부르고, 고집은 아집을 낳습니다.

학생과 학부모님은 물론 다른 선생님들의 말, 더 나아가 사회의 변화와 시대의 니즈에 끊임없이 관심을 가지고 귀를 여는 자세가 필요합니다.

2. 성과에 집중하라.

흔히 교육은 결과보다 과정이라 말합니다.

하지만 학생의 변화를 이끌어내야 하는 사교육은 과정에서도 결과를 찾아내야만 합니다.

당장의 성적 상승이 없어도 좋습니다.

학생의 노력 과정에서 달라진 것이 곧 성과로 연결되니 관찰을 멈추지 말아야 합니다.

3. 교육관에 확신을 가져라.

'내 것만 맞고 다른 사람은 다 틀렸다.'가 아니라, 나의 교육관의 의의에 대해 강한 확신을 가지고 전달하는 것은 학생과 학부모님의 불안을 잠재우는 데 매우 중요한 역할을 합니다.

무엇보다 명확한 교육관은 슬럼프가 왔을 때, 원장님을 지켜주는 기준이 될 것입니다.

4. 변화에 적응하라.

교육을 둘러싼 환경은 매우 빠르게 바뀌는 세상입니다.

크게는 학생과 학부모님의 마인드, 작게는 입시 세부 사항이 일 년에도 몇 번씩, 몇 가지씩 변화되고 있습니다.

가르치기만 해서는 경쟁력을 갖추기 어렵습니다. 변화를 인정하고 적응하기 위해 노력해야 합니다.

5. 성장에 투자하라.

당장의 비용을 아끼지 마세요.

좋은 교육이나 세미나, 자격증 과정 등을 통한 원장님의 역량 업그레이드는 물론이고 학생들을 위한 물품 구입이나 자료 제작, 강사 교육 등은 불안한 미래를 책임져 줄 무기가 되어 줄 겁니다.

6. 수요자 위주의 사고를 하라.

교육자는 고집이 있어야 합니다.

하지만 수요자가 원하는 것을 배제한 고집은 학원의 성장에 아무런 도움이 되지 못합니다.

교육관과 수요자의 니즈를 접목할 수 있는 지점을 찾기 위해 늘 고심해야 하는 이유입니다.

7. 휴식 시간을 확보하라.

우리의 일은 100m 달리기가 아니라 마라톤입니다.

빠르게 결과가 나오기도 어렵고 유지하는 것은 더욱 어렵습니다.

그러므로 일과 휴식의 균형을 제대로 맞추는 것은 무엇보다 중요합니다.

번 아웃을 대비하고 스스로의 행복을 위해 노력합니다.

8. 조급해 하지 마라.

학생들의 느린 변화, 진심을 알아주지 않는 학부모님, 내 맘 같지 않은 동료 강사들!

원장님만 바쁘게 동동거리는 것 같은가요?

조급해 하지 마세요.

이 모든 것이 변화로 가는 정상적인 과정의 일부일 뿐입니다.

학생들의 실력이 쌓일 때까지 절대적인 학습량이 필요하듯, 학원이 변할 때에도 누적된 시간은 필수입니다.

9. 시간은 금이다.

원장님의 시간은 가치가 크다는 사실을 잊지 맙시다.

특히, 결정을 내리는 위치에 있는 원장님의 시간이 부족하면 때론 치명적인 실수가 발생합니다.

시간 관리에 대한 고민은 아무리 많이 해도 과하지 않습니다.

10. 기본을 지켜라.

운영 기간이 길어지면 기본을 잊는 경우가 종종 생깁니다.

하지만 가장 강력한 성공의 원동력은 결국 '기본을 지키는 것'입니다.

깔끔하게 유지되는 강의실, 단정한 선생님의 옷차림, 수업 전 준비가 끝난 교재 분석, 규칙적인 학생과 학부모님과의 상담, 정기적인 홍보 활동 등 꾸준히 지켜낸 기본은 무너지지 않는 학원의 토양이 됩니다.

PART 2

나만의 작은 학원을 차리며

모르면 손해 보는 개원 매뉴얼

개인 브랜드 VS 프랜차이즈,
무엇을 선택할 것인가?

학원업계는 외식업계만큼이나 다양한 프랜차이즈들이 존재합니다.

흔히 생각하는 본사에서 모든 교육 및 운영에 관한 사항의 가이드라인을 제시하는 가맹 학원 브랜드부터 프로그램이나 교재, 교구만 특정해서 선택할 수 있는 브랜드까지 다양하게 존재합니다.

학원업계에는 왜 이렇게 많은 프랜차이즈들이 존재하는 것일까요?

곰곰이 생각해 보면 곧바로 정답을 맞힐 수 있습니다.

바로, 초보자가 교육 자료와 커리큘럼을 직접 제작하는 것이 그만큼 어렵기 때문입니다.

만약 여러분이 다음 학기에 '독서 논술' 과정을 학원에 접목하고자 한다면 무엇이 필요할까요? 읽기 자료, 쓰기 자료, 활동지, 보충 학습, 테스트, 자료별 난이도 조정, 교과 교육과정과의 접목 등 준비해야 할 것이 산더미처럼 많다는 것은 깊이 생각해 보지 않아도 알 수 있습니다.

이럴 때 예비 원장님이나 이미 학원을 운영 중인 원장님은 '독서 논술 프로그램'을 가지고 있는 프랜차이즈를 알아보고 비교하기 시작합니다.

"음, 이 브랜드는 교재가 마음에 드는데 유치·초등 저학년 중심이구나! 우리 학원의 수강생은 초등 고학년과 중학생이라 아쉽지만 이곳을 가맹하는 건 포기해야겠어."

원장님이 프랜차이즈를 도입하는 이유를 이해한다면 굳이 브랜드 가맹을 맺지 않아도 되는 경우 역시 알 수 있습니다. 원장님이 이미 가진 자료 혹은 교재가 시중에서 쉽게 구입할 수 있거나 이미 준비되어 있고, 수업 운영 시 자신에게 맞는 방법이 무엇인지를 정확히 인지하고 있다면 굳이 수수료까지 지불하며 가맹 계약을 맺을 이유가 없는 것입니다.

결국 프랜차이즈를 선택할 것인지, 개인 브랜드를 선택할 것인지의 문제의 핵심은 '자료와 커리큘럼'입니다.

하지만 늘 그렇듯 예외도 존재합니다. 수십 년간 프랜차이즈 사업을 진행해 온 A 브랜드 관계자와의 인터뷰에서 예외를 발견했습니다.

"수업에 대한 노하우가 준비되어 있다고 하더라도 사업을 진행하는 데 있어 운영의 어려움을 토로하는 원장님들이 많습니다. 특히 신규 원장님일수록 홍보에 대한 걱정으로 프랜차이즈 도입을 검토하시는 경우가 잦지요."

프랜차이즈 가맹의 본질은 어떤 교육 프로그램을 도입하느냐가 가장 중요한 문제이지만, 운영적인 측면에서 혜택을 보장해 주는 것 역시 무시하기는 어렵습니다.

실제로 A 브랜드의 경우에는 가맹 지점에게 다음과 같은 홍보를 지원하고 있었습니다.

프랜차이즈 가맹 후 홍보 지원 내용(예시)

- 홍보 판촉물 지원
- SNS 및 온라인 마케팅 교육
- 대표 홈페이지를 통한 교재 홍보
- 브랜드 이미지 제고를 위한 매체 광고

※단, 브랜드별 상이합니다.

일부 브랜드에서는 홍보를 위해 본사에서 전문 강사를 파견하여 설명회를 진행하기도 하고, 지역별 지점이 공동 주최하는 형식으로 학부모님 특강을 마련하기도 합니다.

'홍보'라는 말만 들으면 어째서인지 위축되는 초보 원장님들에게 체계적인 커리큘럼 제공 및 홍보 지원은 굉장히 매력적으로 다가옵니다.

또, 많은 브랜드들이 가맹 원장님들에게 추가 보수 교육을 진행하기도 합니다. 새로운 교육 정책이나 이슈에 대한 정보를 제공하거나 학부모님 상담이나 티칭 스킬 능력을 업그레이드할 수 있도록 프로그램을 마련하기도 해요. 가맹 없이 개인 브랜드로 학원을 이끌어 나가는 원장님들처럼 트렌드를 놓치지 않기 위해 집중하지 않아도 된다는 점 역시 매력적인 부분입니다.

다만, 회사의 운영 가이드라인이나 교육 프로그램에 소홀하다면 가맹의 장점을 충분히 이용하기 어렵습니다. 즉, 원장님 개인의 성향을 먼저 스스로 파악해 보는 것이 중요합니다.

A 브랜드 관계자의 덧붙임 말에 따르면 비교적 빠르게 성공하는 원장님들은 본사의 지침을 충실히 따르는 편이라고 합니다.
이는 곧 운영에 있어 다른 사람의 조언을 들을 만큼 충분히 열려 있는 마음가짐을 유지하고 있다는 뜻과 일맥상통합니다. 아무리 작은 단체나 기관이라고 하더라도 대표가 되는 순간, 고집을 넘어 아집이 생기기도 합니다. 유연한 사고가 동반되지 않는 운영은 어려움을 겪을 수밖에 없어요.

만약 브랜드 가맹을 염두에 두고 있다면 교재와 교구 등은 물론이고 신경써야 할 것이 하나 더 있습니다.
가맹 상담을 받다 보면 지불하는 금액보다 훨씬 더 많은 혜택을 받는 것 같이 느껴지기도 합니다. 하지만 가입비, 교육비, 보증금, 지사 수수료, 초도물품비… 나열하다 보면 끝이 없습니다.
실제로 필요 이상의 과금을 하는 브랜드도 많기 때문에 반드시 여러 브랜드와 상담을 하고 비교하여 항목별로 과한 책정이 되어 있는 부분은 없는지 따져 볼 필요가 있습니다.

가맹비 구조 역시 브랜드에 따라 다릅니다.

학생 수에 따른 교재비(교구비)나 프로그램 사용료가 보증금 및 가맹비에 청구되기도 하고, 학생 수에 따라 수수료를 받는 경우도 있습니다. 인테리어 비용이나 간판 비용이 추가되어 목돈이 드는 경우도 있어요.

특히, 요즘은 디지털 기기를 도입하여 교육 프로그램을 만드는 곳이 매우 늘어났으므로 패드(태블릿) 수수료 정책 역시 반드시 잘 살펴봐야 합니다.

나는 프랜차이즈 가맹을 맺는 것이 유리할까요?

	체크해 보세요.	
1	수업을 준비하는 시간만 해도 24시간이 모자라!	☐
2	홍보? 어떻게 해야 할지 감도 오질 않아.	☐
3	시중에 나와 있는 교재나 교구 선택이 어려워.	☐
4	혼자 운영하는 것은 너무 외로워. 동료가 있었으면 좋겠어.	☐
5	교육이나 운영의 경험이 별로 없어서 걱정이야.	☐
6	교육 이슈에 민감한 편이 아니라서 상담이 두려워.	☐
7	때가 되면 내가 해야 할 일을 누가 상기시켜 주면 더 바랄 것이 없어.	☐
8	강사가 바뀌어도 비슷한 수업의 퀄리티가 유지되길 바라.	☐
9	학부모님에게 빠르게 우리 학원을 알리고 싶어.	☐
10	합리적인 금액이라면 수수료를 지불할 용의가 있어.	☐

＊ 5개 이상 체크했다면 근처에서 열리는 프랜차이즈 가맹 설명회에 참석해 보는 것을 추천합니다.

행정 절차,
꼼꼼히 체크하지 않는다면 날벼락?

작은 1인 교습소에서 학원 규모로 확장을 결심한 K 원장님.
마침 근처 부동산에서 K 원장님의 교습소 바로 옆에서 운영하던 1인 수학 교습소가 이사를 간다는 소식을 듣고 가슴이 설레었습니다.

지금껏 작은 규모의 교습소를 운영하고 있어서 학부모님으로부터 은근히 무시당하는 것 같았는데 하늘이 돕는 기분이 들었습니다. K 원장님은 곧바로 옆의 수학 교습소를 인수하기로 결심하고 실행에 옮겼습니다. 먼저 학생과 학부모님에게 확장 소식을 알렸습니다. 그리고 인테리어 공사를 한 후 새 학기 첫날부터 출근할 새로운 선생님도 구했고, 완벽하게 준비를 끝냈다고 생각했습니다.

그런데 아뿔싸!
3월 2일, 새 학기가 시작되는 한창 바쁜 오후 3시경.

교육청 직원 2명의 급작스러운 방문이 있었습니다. 신고가 들어왔다는 것입니다.

"교습소인데 강사를 채용한 것 같다는 신고가 들어왔어요. 그뿐만 아니라 동 시간대 수용 학생 수도 기준치 이상인 것 같다는 민원이 접수되어 확인이 필요합니다."

K 원장님은 떨리는 손으로 학원 허가증, 수강생 대장, 현금 출납부, 교습비 등의 영수증 원부와 같은 학원 설립과 운영상 필요한 서류들을 제시했습니다. 그러고는 착잡한 마음으로 교육청 직원들이 서류를 사진 찍는 모습을 멍하니 지켜볼 수밖에 없었습니다.

문제는 여기서 그치지 않았습니다. 여러 서류를 확인하던 직원들이 K 원장님이 간과했던 문제를 두 가지 더 밝혀낸 것입니다.

첫째, 확장을 했음에도 불구하고 학원 허가에 필요한 면적에 미치지 못한 것입니다. 지역에 따라 조금씩 다르긴 하지만 학원 운영 허가를 위해서는 로비나 복도, 상담 공간 등을 모두 제외하고 오로지 교실 면적이 일정 평수 이상이 되어야만 합니다. 그런데 작은 규모의 교습소 두 개를 합치면서 막연하게 '이 정도면 되겠지.'하고 넘어가 버린 것입니다. 즉, 학원 허가를 받기 위한 교실 면적 기준을 달성하지 못하면 교습소로 남아 있어야 하는 상황이 벌어진 것입니다.

둘째, 더 큰 문제는 만약 교습소에 머물러야 한다면 선생님을 고용하지 못한다는 점이었습니다. 교습소와 학원의 가장 큰 차이는 바로 강사의 구인 여부입니다. 교습소는 1인 강사 체제(원장 직강 체제)로, 행정 업무를 돕는 사무직원 외의 교습 및 강의에 참여하는 강사는 고용할 수 없습니다. 게다가 당일 첫 출근을 하여 아이들을 가르치고 있던 신규 강사의 아동 성범죄 이력을 미리 조회하지 않았다는 점도 문제가 되었습니다. 이는 위반 시 500만 원 이하의 과태료를 무는 데다 일주일 미만의 영업 정지가 내려지는 중대 사항이었습니다.

K 원장님에게 남은 선택지는 부족한 면적을 당장 더 확보하여 학원 허가를 받거나, 아니면 강사를 내보내고 교습소로 유지하거나의 두 가지였습니다.

정신이 없이 횡설수설하는 K 원장님에게 교육청 직원들은 "원장님, 자진 납부를 빠르게 하면 과태료 할인이 가능합니다."라는 말을 남긴 채 퇴장했다고 합니다.

K 원장님은 기본적인 행정 절차도 제대로 확인하지 않고 단순히 학원을 키울 수 있다는 생각에 기뻐했던 것이었습니다. 결국 재공사를 결심하고 강의실 면적을 간신히 맞추기까지 한 달의 시간이 걸렸습니다. 다시 인테리어를 하며 생각지도 못한 추가 비용과 무엇보다 중요한 새 학기 홍보 시기를 놓치고 만 뼈아픈 실수입니다. 인생 공부 비용이라고 하기엔 좀 많이 비싸지요?

확장을 앞두고 있거나 드디어 본인 명의의 학원을 오픈하기 위해 준비를 하고 있는 원장님이라면 반드시 행정 공지를 꼼꼼히 확인해야 합니다. 고의는 아니었지만 면적과 직원 채용 과정에서 결과적으로는 규정을 어긴 것이 되어 불이익을 받은 K 원장님처럼 원칙과 규정을 어긴 대가는 매우 큽니다.

아무리 바빠도 일의 순서를 바꿔서는 안 되겠지요? 본인 명의로 된 학원을 운영한다는 것에 있어서는 교육을 넘어 사업을 시작한다는 인식을 가지셔야 합니다. 사업을 해 나감에 있어 업무의 우선순위를 지키는 것은 가장 기본이 되는 자세입니다.

저라면
이런 곳에 학원을 차립니다.

학원의 좋은 위치란 어디일까요?

학교 바로 앞 상가?

학원이 몰려 있는 학원가?

아니면 대단지 아파트?

정답은 '알 수 없다.'입니다.

정확히는 '대상과 콘셉트에 따라 좋은 위치는 달라진다.'라고 말해야 하겠네요.

다음의 경우를 하나씩 살펴봅시다.

> A 원장: 중·고등학생 위주의 단과 수업, 차량 운행하지 않음
> B 원장: 초등학생 위주의 교과 수업, 차량 운행하지 않음
> C 원장: 유치·초등부 위주의 예체능 수업, 차량 운행함

먼저 A 원장님입니다. A 원장님은 중·고등학생 위주의 단과 수업을 준비하고 있습니다. 차량 운행은 고정 비용이 많이 발생해 염두에 두지 않습니다. 따라서 개원 위치로 학교 바로 앞 상가와 학원가 건물 중에서 결정을 내리려고 하는데 두 가지 경우 모두 장단점이 있어 결정이 쉽지 않습니다.

학교에서 도보로 5분 내에 위치한 상가는 학생들의 접근성이 좋다는 점이 무엇보다 강력한 장점입니다. 하지만 반대로 이야기하면 근처에 다른 학교들이 있는 경우가 아니면 해당 학교에 다니는 학생들 외에는 유입이 쉽지 않다는 의미이기도 합니다.

한 학생이 여러 과목을 수강하는 종합학원이 아닌 단과학원의 경우에는 배후 수요자인 학생 수 자체가 한정되어 있어 어려움이 생길 가능성이 높아지기도 합니다. 게다가 중·고등학생은 이동 거리의 영향을 적게 받기 때문에 초등학생에 비해 학교 앞이라는 위치적 장점이 그리 크지 않다는 것도 단점입니다.

중·고등부 단과학원은 전형적인 집재성 점포[2]입니다. 종합학원과 달리 중·고등부 단과학원은 시험의 결과, 학년의 변화, 커리큘럼의 분화 등에 따라 선택의 여부가 바뀐다는 특성이 있습니다. 이것이 바로 학생과 학부모님이 학년이 높아질수록 거리가 멀어지더라도 교육의 질이 상대적으로 높은 전문적인 학원이 밀집된 학원가로 발걸음을 옮기는 이유입니다.

....

2) 한곳에 모여 있을수록 유리한 업종.

학생들의 선택의 폭이 넓은 학원가에 자리를 잡게 된다면 그만큼 학원을 알릴 기회가 늘어납니다.

이 경우 학원에서 운용하는 차량이 없더라도 크게 문제가 되지 않습니다. 이미 학부모님이 라이딩을 할 계획을 가지고 있기도 하고, 학생들이 대중교통을 이용하기도 쉽기 때문입니다. 또, 여러 학원이 한 학원가 내에 위치해 있어 다른 학원의 차량을 이용하는 것으로 문제가 해결되기도 합니다.

하지만 C 원장님과 같은 예체능 학원은 산재성 점포[3]에 가깝습니다.

예를 들어, 발레 학원을 생각해 볼까요? 최근 발레 학원의 인기가 늘어났다고는 하지만 여전히 발레는 다수의 선택을 받는 수업이 아닙니다. 대부분의 학생이 으레 한두 개쯤은 다니는 수학·영어 학원과는 전혀 다른 특징을 가집니다. 상대적으로 소수의 학생의 선택을 받을 수밖에 없는, 다시말해서 대체가 어려운 종류의 교육을 제공할 계획이라면 굳이 학원이 밀집해 있는 지역에 위치하지 않아도 괜찮습니다. 주거지 근처, 학교 근처, 학원가 근처 등 입지는 크게 신경 쓰지 않아도 되지만, 동종의 교육을 제공하는 학원이 이미 자리를 잡고 있는 지역은 피하는 것이 좋습니다. 결국 파이를 나눠 가지게 될 테니까요.

마지막으로 유치·초등부 중심 교과 수업을 하면서 차량 운행을 고려하고 있지 않은 B 원장님과 같은 경우라면 어떨까요? 유치·초등부 교과 학원들이 가장 먼저 염두에 두어야 하는 입지는 학원가도, 경쟁 업체의 위치도

---

3) 동종 업체가 서로 떨어져야 유리한 업종.

아닙니다. 바로 '안전'입니다.

아무리 좋은 강사와 커리큘럼이 보장된다고 하더라도 특히 유치부와 초등 저학년 아이를 둔 학부모님은 안전에 관한 문제가 해결되지 않은 학원에 자신의 아이를 등록시키는 것을 매우 꺼려합니다. 유치ㆍ초등부 중심 교과 수업을 아파트 단지 내 공부방 및 교습소 등에서 해결하고자 하는 니즈가 큰 것도 같은 이유입니다.

학교에서 넓은 도로의 횡단보도를 수차례 건너야 하는 경우, 대중교통을 이용해야 하는 경우, 학원까지 가는 길에 유흥업소나 PC방, 오락실 등이 있는 경우는 유치ㆍ초등부 학원으로서는 최악의 입지 조건이나 마찬가지입니다. 결국 B 원장님에게 최적의 입지는 학교에서 가까운 곳이나 아파트 밀집 지역 한가운데 초등부 학원들이 몰려 있는 곳일 것입니다.

문제는 이런 곳의 임대료는 예상보다 훨씬 더 비싸다는 점입니다. 학원이 들어갈 수 있을 만한 상가의 임대료는 학교에서 가까운 대로변에 위치할수록, 어린 학생들이 많이 거주하는 신축 아파트에 가까이 위치할수록 천정부지로 치솟습니다. 때문에 이와 같은 상황에 놓여 있는 예비 원장님이라면 차량 운행에 드는 비용과 입지를 상급지로 할 때의 비용을 비교하는 과정을 우선시해야만 합니다.

각 지역 학원 밀집지의 상가 임대료는 얼마일까?[4]

지역	서울 학원가 A	경기도 학원가 B	광역시 학원가 C
특징	서울 3대 학원 밀집지	신도시 학원 밀집지	지역 학원 밀집지
평수	30평 상가 5층	35평 상가 2층	30평 상가 3층
보증금	6000만 원	3000만 원	3000만 원
월세	350만 원	235만 원	180만 원

* 학원 밀집지는 골목 하나, 대로 하나 차이에 보증금과 월세가 크게 뛰기도 합니다. 자신만의 학원이 학원
가 중심지에 있을 때 얻을 수 있는 장단점을 반드시 비교해 보세요.

---

4) 2023년 8월 기준 (네이버 부동산)

오픈 전,
신고 및 서류 절차 완벽 정리

"학원가 한복판이고 대로변이에요. 마침 평수도 딱 찾던 곳이더라고
요. 권리금도 없고…… 예전에 무슨 사무실로 썼다는데 지금은 공실
이라네요."

30평대 학원을 찾고 있던 P 원장님은 다른 원장님들과의 식사 자리에서 싱
글벙글하며 말을 이어 나갔습니다. 하지만 그 지역에서 학원을 운영하고
있는 원장님들은 고개를 갸웃했습니다.

"지금 ○○ 사거리 쪽 얘기하는 거 아니에요?"
"네, 맞아요."
"거기 공실인 학원 자리가 있다고요? 30평대가?"

30평대 매물이 워낙 귀한 지역이라 그런지 다른 원장님들의 입장에서는 아

무래도 이상한 점이 있었던 모양입니다.

"혹시 ○○ 건물 3층 말하시는 건 아니지요?"
"어? 아시네요? 거기예요."
"어이쿠, 원장님, 거긴 안 돼요!"

학원(교습소 동일)은 아무 곳에나 차릴 수 없다는 사실, 알고 계셨나요? 학원은 학생들이 많이 드나드는 곳이므로 상가의 건축물 용도, 비상구나 화장실의 위치, 계단의 유무, 교육 환경에 문제가 생길 수 있는 유해 업소가 근처에 있는지 여부까지도 꼼꼼하게 확인한 후에야 허가가 납니다.

만에 하나 허가가 나지 않는 위치라는 것을 부동산 임대 계약을 마치고 나서 알았다면 위약금은 물론이고 인테리어 비용까지 모조리 손해보기 때문에 반드시 주의해야 합니다.

학원은 신고 업종이 아닌 허가 업종으로 분류됩니다. 따라서 조건을 만족하지 못하면 허가가 나지 않습니다. 대략적인 설립 및 운영 등록 절차는 다음과 같습니다.

학원 설립 및 운영 등록 신청 절차[5]

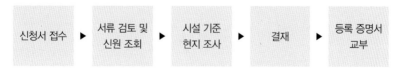

신청서 접수 ▶ 서류 검토 및 신원 조회 ▶ 시설 기준 현지 조사 ▶ 결재 ▶ 등록 증명서 교부

....

5) 「학원의 설립 · 운영 및 과외 교습에 관한 법률」

1) 신청서 접수

먼저 구비 서류[6]를 준비하여 신청서를 접수합니다. 이때 필요한 서류는 다음과 같습니다.

- 학원 설립 및 운영 등록 신청서
- 학원 원칙
- 학원의 시설 평면도(내부 인테리어 도면)
- 건축물 대장
- 설립자가 개인이라면 주민등록증 사본/법인이라면 정관, 법인 등기부 등본, 이사회 회의록
- 임대차 계약서
- 기본 증명서(법인이라면 등기된 이사 및 감사의 기본 증명서)
- 성범죄 경력 조회 및 아동학대 관련 범죄 전력 조회 동의서
- 전용 면적 570m² 이상의 학원이라면 소방시설 완비 증명서

꽤 많지요? 해당 서류들은 각 지자체의 교육청 홈페이지 자료실에서 내려받을 수 있지만, 이왕이면 지역 교육청에 직접 찾아가서 교부받으시는 것을 추천합니다. 지역에 따라 교습 시간 제한이나 분당 교습비 상한선, 교실 최소 면적 등이 다르기 때문에 가장 확실한 것은 교육청 학원 업무 담당자를 만나 직접 확인을 받는 것이 좋습니다. 또, 직접 방문할 경우 주의 사항이나 예시를 안내해 주기도 하니 부담스러워하지 말고 부딪혀 보세요.

---

6) 각 교육지원청에서 구비 서류 관련 조항 확인 필요

2) 서류 검토 및 신원 조회

이 단계에서는 제출한 서류들에 미비한 곳은 없는지, 예비 원장님의 신원은 확실하고 성범죄 등의 문제 전력이 없는지를 확인합니다. 만약 학원을 개원할 자리가 2종 근린 생활 시설이나 교육 연구 시설이 아니라면 설립 자체가 불가능합니다.

학원을 설립 및 운영할 수 없는 경우

- 금치산자, 한정치산자
- 파산선고를 받은 자로서 복권되지 않은 자
- 금고 이상의 형을 선고 받고 그 집행이 종료되거나 그 집행을 받지 아니하기로 확정된 후 3년이 경과되지 아니한 자 또는 그 집행유예 기간 중에 있는 자
- 법원의 판결에 의하여 자격이 정지 또는 상실된 자
- 학원의 설립 및 운영, 과외 교습에 관한 법률을 위반하여 벌금형의 선고를 받은 후 1년이 경과되지 않은 자
- 학원의 설립 및 운영, 과외 교습에 관한 법률 제17조 1항의 규정에 의하여 학원 등록이 말소된 날부터 1년이 경과되지 않은 자
- 법인으로서 그 임원 중에 규정에 해당되는 자가 있는 경우
- 기타 관계 법령에 의하여 영리 업무에 종사할 수 없는 자
- 성범죄로 형 또는 치료감호를 선고받아 확정된 자
- 공무원

3) 시설 기준 현지 조사

서류에서 이상이 없었다면 이제 교육청 담당자 및 소방 담당자가 실제 확인을 위해 조사를 나옵니다. 이때 교육청에서는 학원 설립 장소가 유해 환경으로부터 기준치만큼 충분히 떨어져 있는지, 교실(강의실) 기준 면적이 시·도 교육청 기준에 적합한지 등을 확인하고 소방 담당자는 소방시설 설비 기준에 부합하는지를 따져 봅니다.

만약 이때 기준치에 부합하지 않는다면 시정을 요구하는데, 다시 공사를 하고 재신청을 하고 조사를 통과하려면 시간이 얼마나 걸릴지 알 수 없습니다. 자칫 잘못하면 목표해 두었던 개원일을 놓칠지도 모릅니다. 인테리어 전문업자들도 생각보다 학원법 기준에 대해 모르는 경우가 많기 때문에 반드시 직접 체크해야 합니다. 강의실 면적, 소방법 등에 대한 자세한 내용은 뒤의 [인테리어 공사, 예쁜 게 능사가 아니다?]에서 다루겠습니다.

4) 결재 및 등록 증명서 교부

시설 기준에 통과했다면 이제 등록비를 납부합니다. 이후 등록증을 교부받은 후 20일 내로 사업자 등록을 완료하면 서류 작업은 모두 끝이 납니다. 다만, 이 절차는 학원의 설립 및 운영 허가를 받은 것이고, 이후 강사를 고용한다면 강사 신고를, 세무서에는 사업자 등록 신고를 해야 합니다.

단, 공부방과 교습소는 위의 절차와 신고 방법이 다릅니다. 공부방은 원칙적으로 '개인 과외 교습자'로 분류됩니다. 학원처럼 팀 수업을 하더라도 교육청 분류로는 개인 과외 교습자에 해당하기 때문에 상가 건물을 임대하여 교육하는 것이 아닌 가정 내(교습자 혹은 강사의 자택)에서 수업을 한다면

'개인 과외 교습자 신고'를 해야 합니다.

개인 과외 교습자 신고

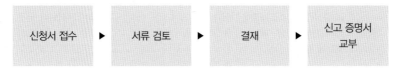

개인 과외 교습자는 학원 설립에 비해서는 그 절차가 간단하고 필요한 서류도 적습니다. 준비할 서류는 다음과 같습니다.

- 개인 과외 교습자 신고서
- 주민등록증 등 공공기관이 발행한 신분증 사본(원본 지참)
- 최종 학력 증명서
- 자격증 사본(해당자에 한함, 원본 지참)
- 교습자의 증명 사진(3X4cm) 2매

만약 개인 과외 교습자(공부방)를 준비하는 원장님이 현재 대학 및 대학원에 재학·휴학 중이라면 교육청 신고 대상에서 제외되니 이 점도 참고해 주세요.

지금까지 다룬 학원, 교습소, 공부방의 차이 및 행정 절차를 정리해 보면 다음과 같습니다.

학원, 교습소, 공부방(개인 과외 교습자) 차이 비교

	학원	교습소	공부방(개인 과외 교습자)
정의	30일 이상의 교습 과정에 따라 지식·기술·예체능 교육을 행하는 시설	초·중·고등학교 또는 이에 준하는 학교의 학생이나 학교 입학 또는 학력 인정에 관한 검정을 위한 준비생에게 지식·기술·예체능 교육을 교습하는 시설	학습자의 주거지 또는 교습자의 주거지로서 단독 주택 또는 공동 주택에서 교습비 등을 받고 과외 교습을 하는 자
시설 기준	• 교육청별 상이 • 보습 기준 서울 70m² 이상, 경기 60m² 이상	과외 교습을 하는 시설 중 학원이 아닌 시설	학습자나 교습자의 주거지(단독 주택 또는 공동 주택), 교습자의 주거지인 경우 개인 과외 교습자 1인만 신고 가능(친족의 경우 추가 신고 가능)
강사 채용	채용 가능	• 채용 불가 • 임시 교습자(출산·질병 등) 및 보조요원(교습 불가) 채용 가능	채용 불가
학습자 인원 제한	제한 없음	1m²당 0.3명 이하(최대 9명, 피아노 교습소인 경우 5명 이하)	동 시간대 9명 이하

인테리어 공사,
예쁜 게 능사가 아니다?

학원이나 교습소, 공부방 개원을 앞둔 원장님은 자신만의 수업 공간을 마련한다는 사실에 매우 들떠 있을 것입니다. 하지만 학원이나 교습소 개원을 위해 상가 임대차 계약을 진행할 예정이라면 계약 전에 미리 확인해 두어야 할 부분이 있습니다.

1) 임대 상가 건물의 성격 확인

임대하려고 하는 상가가 학원 및 교습소의 허가가 나는 건물인지 확인해야 합니다. 계약서 작성 전에 미리 건축물대장을 확인하여 건물이 제2종 근린 생활 시설이나 교육 연구 시설로 표기되어 있는지 확인하세요. 만약 같은 건물 내에 위치한 모든 학원 및 교습소가 차지하는 바닥 면적(공용부분을 포함한 면적)의 합계가 500m² 이상이 된다면 교육 연구 시설로 건물 용도를 변경해야 할 필요도 있습니다. 용도 변경은 건물주가 신청하는 것으로, 계약 후 진행하기보다는 계약 전에 미리 용도 변경을 신청한 후 승인된 것을 반드시 확인하기 바랍니다.

건축물대장은 어디서 확인할 수 있나요?

건축행정
시스템 세움터[7] ▶ 민원 서비스 ▶ 건축물대장

2) 교육 환경 유해 업소 확인

건축물대장상 학원 허가에 문제가 없다고 하더라도 '교육 환경 유해 업소
확인' 절차에 통과를 할 수 있는지도 중요 요소가 됩니다. 건축물의 연면적
이 1650m² 이하라면 유해 업소가 같은 건물에 존재해서는 안 되며, 건축물
의 연면적이 1650m² 이상이라면 유해 업소와의 거리가 다음과 같이 떨어
져 있어야 허가가 납니다.

학원 설립 불가(건물 연면적 1650m² 이상) 조건

① 유해 업소와 같은 층일 경우 수평 거리 20m 이내는 학원 설립 불가

② 유해 업소와 인접한 상 · 하층일 경우 수평 거리 6m 이내는 학원 설립 불가

※ 유해 업소란? 유흥 주점, 숙박 시설, 무도장, DVD방, 노래방, 오락실 등
　(단, 당구장, 만화방 등은 유해 업소가 아님)

	6m		6m	
20m		유해 업소		20m
	6m		6m	

☐ 학원 설립 가능 구역　　▨ 학원 설립 불가능 구역

---

7) 사이트 주소: https://www.eais.go.kr/

만약 임대를 하려고 하는 건물의 동일 호수가 이전에 학원이었다고 해서 허가가 가능하다고 생각하는 것은 위험합니다. 그 이유는 유해 업소가 먼저 임대를 한 곳에 학원은 신규로 입점할 수는 없지만, 학원이 설립·운영되고 있는데 이후에 유해 업소가 입점하는 것은 법적으로 제재할 수 없기 때문입니다.

따라서 기존에 있던 학원이 나간 자리에 새로 들어가려고 하는 경우, 기존 학원이 허가받는 데에는 문제가 없었더라도 새로 허가를 받아야 하는 학원은 문제가 될 수 있다는 사실을 염두에 두세요. 부동산의 말보다는 반드시 교육청의 행정 절차를 우선해야 하는 이유이기도 합니다.

3) 강의실 기준 면적 및 소방시설 기준 확인

강의실 기준 면적과 소방시설 기준을 통과하도록 인테리어를 해야 합니다. 강의실 기준 면적이란 도 교육청이 정한 '강의를 위한 최소 면적 기준'을 말합니다. 경기도의 경우 학원 허가를 받기 위해서는 강의실 최소 면적이 60㎡(약 18.15평) 이상으로 규정되어 있는데, 이는 복도나 로비, 상담실, 휴게실 등을 모두 뺀 공간으로 기둥과 벽체까지도 모두 제한한 순수 강의실 면적입니다.

용인시에서 자신만의 학원을 열기로 결심한 S 원장님의 예를 들어 볼까요? S 원장님이 계약하려고 하는 상가는 실평수가 약 24평 정도입니다. 강의실은 2개만 만들고 상담실과 로비를 카페 공간처럼 인테리어 하려고 생각 중이었습니다. 그러나 아쉽게도 S 원장님의 꿈은 이루어지지 않을 가능성이 높습니다.

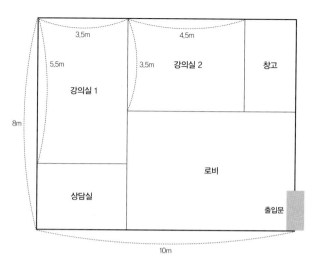

▲ S 원장님이 처음 생각한 학원의 평면도

실평수 24평(80m²)에서 위와 같은 평면도를 생각한다면 강의실 2개의 면적을 합친 것은 35m²에 그칩니다. 경기도의 강의실 최소 면적(60m²)에 크게 미치지 못하지요? 교육청 직원이 실측을 나오면 분명 이 면적은 35m²보다도 더 줄어들 것입니다. 벽의 두께를 제외시켜야 하기 때문이지요.

그러니 S 원장님은 두 가지 선택을 해야 합니다. 상담실과 창고 공간을 없애고 강의실로 용도를 변경하는 동시에 로비를 조금 줄여야 할 것입니다. 상담실 공간을 약간 늘려서 서브 강의실(클리닉 룸)을 만들고, 평소에는 이 서브 강의실에서 상담을 진행할 수도 있겠지요? 이 점을 고려하여 새로 작성한 평면도는 다음과 같습니다.

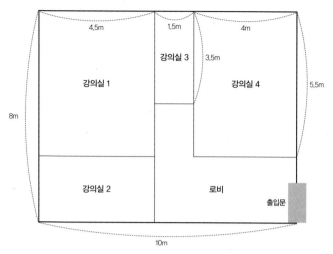

▲ S 원장님이 강의실 면적 기준을 통과하도록 변경한 학원의 평면도

강의실 4개 총면적의 합이 $63.25m^2$가 되어 경기도의 강의실 최소 면적 $(60m^2)$을 통과할 수 있게 되었습니다.

마지막으로 소방시설 기준에 맞는지도 점검하면 인테리어 공사 전, 확인 사항은 모두 끝이 납니다. 소방시설 기준은 관할 구역마다 스프링클러, 화재기, 경보기 등의 기준이 조금씩 다르기 때문에 학원 개원을 생각하는 지역의 관할 소방서에 직접 확인을 해야 합니다.

소방시설 기준

- **학원 면적 190m² 미만**: 교육지원청에서 관할 소방서에 소방 안전 점검을 의뢰
- **학원 면적 190m² 이상 570m² 미만**: 건물 현황에 따라 다중 이용 업소에 해당될 경우 안전시설 등 완비 증명서 제출
- **학원 면적 570m² 이상**: 소방서에서 발급한 안전시설 등 완비 증명서 제출

※ 소방 점검 대상 면적은 건축물대장의 공용 면적을 제외한 전용 면적임.

실제로 인테리어를 할 때, 학원 인테리어 경험이 없는 인테리어 사무실은 소방시설 기준이나 강의실 면적 등을 고려하지 않아 최종 점검에서 문제가 발생하는 경우가 많습니다. 원장님들의 커뮤니티에 종종 '소방 점검 기준을 통과하지 못해서 예상했던 개원일을 맞추지 못하게 되었다.'거나 '강의실 면적이 나오지 않아서 공사를 새로 해야 한다.'는 한숨 섞인 글이 올라오곤 합니다. 큰 금액이 드는 인테리어 공사를 두 번 하는 불상사가 일어나지 않기 위해서라도 앞의 세 가지 사항은 꼭 점검하세요.

여기까지 확인이 끝났다면 이제 드디어 원장님이 생각한 진짜 인테리어의 영역으로 넘어 옵니다. 학원 인테리어를 맡기기 전 가장 먼저 생각해야 하는 것은 전반적인 콘셉트입니다. 원장님이 생각하는 콘셉트가 명확하지 않으면 인테리어 시공사의 의견이 가미될 수밖에 없습니다. 학원 공간은 단순히 심미적인 요소뿐 아니라 학생들이 학습하는 공간이라는 실용적인 요소의 필요성이 매우 강합니다. 때문에 정확하지 않은 콘셉트는 중구난방 정신없는 인테리어로 귀결되곤 하지요.

따라서 업체 미팅이 끝나고 나면 3D 모델링을 요청하여 실제 완성 상태의

모습을 확인하실 필요가 있습니다. 우리는 전문가가 아니기 때문에 단순히 자재나 색깔을 정한다고 해도 완성된 모습을 보지 못한다면 구체적으로 수정안을 제시할 수 없기 때문입니다. 3D 모델링 등으로 완공 후의 모습을 확인하고 이를 바탕으로 하여 색감, 밝기, 디자인 등을 최대한 미리 상의하고 진행해야 의도한 대로 인테리어 공사가 진행될 수 있습니다. 또, 외부 간판이나 필름 작업 역시 한 번 작업한 후에는 교체가 어렵습니다. 1층이 아니면 사다리차 작업까지 다시 해야 하는 만큼 시공 단계와 시기를 인테리어 작업 전에 반드시 확실하게 결정해야 하겠지요?

예산도 중요한 문제입니다. 당연한 말이지만 비용이 많이 들어갈수록 퀄리티가 좋아집니다. 하지만 대부분은 예산이 한정되어 있으므로 우선순위를 정해야 합니다. 인테리어에는 학원 내부에 포함되는 집기들 역시 해당됩니다. 칠판이나 빔 프로젝터, 냉난방기기 등 고가의 비용이 들어가는 것들도 반드시 포함해서 예산을 정해야 해요. 특히, 냉난방기기의 경우 실외기나 가스 배관 설치 등의 추가 금액이 발생하는 요소가 존재하기 때문에 반드시 미리 업체를 불러서 대략적인 견적을 받아 보아야 합니다.

견적은 많이 받아 볼수록 좋습니다. 학원 근처의 인테리어 업체, 주변 원장님들의 소개, 견적 비교 애플리케이션 등을 통해 최소 5곳 이상에서 견적을 받아 보세요. 디자인 비용뿐만 아니라 인테리어 마무리에 들어가는 비용까지 최대한 모든 비용을 산정해 달라고 해야 비교가 쉽습니다. 일반적으로 학원 인테리어는 평당 100만 원을 기준으로 하는데 복잡한 디자인 요소가 많을수록 비용이 올라가니 기준점을 가지고 상담받아 보세요.

인테리어 공사 기간을 넉넉히 예상하고 렌트 무료 기간(렌트 프리)도 임대 계약 전 상의할 수 있습니다. 공사에 들어간 이후에는 인테리어 기간 동안 현장에 최대한 자주 가 봐야 합니다. 인테리어를 진행하다 보면 업체와 소통 오류 등으로 잘못 진행될 수 있는 부분도 있고, 좋지 않은 업체의 경우 저렴한 자재들을 사용하여 인테리어의 질을 떨어트리는 경우도 있습니다. 무엇보다 인테리어 중간에 수정이 필요한 상황이 있거나 추가할 것들이 현장에 가 보면 생각나는 경우도 많기 때문입니다. 그러므로 최대한 매일 현장에 가서 인테리어 공사 진행 상황을 확인하는 것이 좋습니다.

빈 상가에 인테리어를 처음 할 때, 대부분의 원장님은 인테리어 사무소를 찾습니다. 하지만 많은 인테리어 사무소가 각 공사 단계의 구체적인 비용을 적시하지 않고, '평당 ○○만 원'과 같이 예산안을 제시하기도 합니다.
따라서 비용 절감을 위해서 또는 원장님의 의견을 좀 더 확실하게 표현하기 위해서 각 부분의 인테리어 전문가들을 따로 섭외하여 진행하는 경우도 있습니다.
이때 필요한 인테리어 전문가는 크게 다음과 같습니다.
만약 일일이 섭외가 어렵다면 칸막이 공사를 전문으로 하는 업체를 통해 다른 전문가들에 대한 조언을 얻을 수도 있습니다.

학원 인테리어 공사 시 고려해야 하는 부분

- **바닥 공사**: 바닥 평탄화, 타일 등의 작업
- **도배**: 벽 평탄화, 도배, 페인트 등의 작업
- **칸막이 공사**: 내부 벽, 문 등을 설치하는 작업
- **전기 공사**: 조명, 콘센트 등 전기 전반에 대한 작업
- **간판 및 창문 래핑**: 고층의 경우 크레인 비용도 고려
- **냉난방 시설 설치**: 냉난방기기는 물론 바닥 난방 작업 포함
- **소방시설 설치**: 소방시설은 일반 인테리어 사무실이 아닌 소방시설 전문 허가 업체에게 의뢰

마지막으로 학생들의 입장에서 모의 수업을 진행하면서 디테일한 부분까지도 고민하는 시간을 가져야 합니다. 예를 들어, 강의실의 문이 열릴 때 칠판을 가리지는 않는지, 학생들의 동선을 방해하지는 않는지를 확인합니다. 또, 빔 프로젝터를 설치하기 위해 전기 공사를 할 때 천장에 미리 콘센트를 만들어 두거나 학생들의 지우개 가루나 샤프심 등으로 바닥이 얼룩지지 않도록 바닥을 어둡게 하는 것도 고민해 볼 수 있습니다.

소규모 학원의 경우에는 IoT(사물 인터넷) 기능이 있는 전자 제품을 활용하는 것도 추천합니다. 도어 락은 원장님이 학원에 아직 출근하지 않은 경우에도 학생들이 학원에 들어갈 수 있도록 할 수 있고, 퇴근 후에도 학원 문이 잠겨 있는지 걱정하지 않고 스마트폰의 애플리케이션을 이용해서 원격으로 잠글 수 있습니다. 또, 에어컨 등의 전자 제품과 콘센트를 제어할 수도 있어서 필요한 시간에 자동으로 On/Off 가 되도록 해 두면 불필요한 전력 낭비를 막을 수도 있습니다. 그뿐만 아니라 혹시 모를 전기 화재에 대한 걱정도 덜 수 있을 것입니다.

개원 전 학원 홍보,
제발 이렇게만 하세요!

"전단지나 현수막, 블로그를 해 봤지만 별 소용이 없었어요."

많은 원장님들이 '교육은 홍보가 별 의미 없다.'라거나 '우리 동네는 그런 것 안 통한다.'라고 이야기하며 고개를 절레절레 흔듭니다.

홍보에 부정적이었던 원장님도 처음에는 부푼 꿈을 안고 홍보 효과를 기다렸을 것이 틀림없습니다. '너무 연락이 많이 와서 반이 모자라면 어떡하지?'라고 상상하며 김칫국을 마시기도 했겠지요. 하지만 실패한 경험이 누적될수록 더 이상의 노력은 무의미하다고 판단해 버리는 실수를 합니다.

도대체 왜 많은 원장님의 홍보는 학부모님의 이목을 끌지 못했을까요? 본론을 이야기하기 전에 '요즘' 소비자들이 광고를 어떻게 대하는지에 대해 먼저 이해할 필요가 있습니다.

최근 온라인은 물론 오프라인에서도 범람하는 광고 속에서 소비자들은 점점 더 광고를 '피해야 할 것'으로 생각하기 시작했습니다.

자, 한 번 생각해 보세요. 오늘 길거리를 지나다니며 본 수많은 현수막과 전단지 중에서 내용과 상호를 정확히 기억하고 있는 것이 몇 개나 되나요?

엘리베이터 안에서, 길거리에서, 가게 앞 유리창에서, 전봇대 스티커에서, 길거리 게시판에서, 심지어 포털사이트 메인 화면에서도 셀 수 없이 많은 광고를 보았음에도 정작 머릿속에 남은 것은 손에 꼽을 정도일 것입니다. 광고의 홍수 속에서 소비자들은 점점 더 직접 찾은 정보를 선호하는 쪽으로 변화하고 있습니다. 서비스 및 상품 제공자인 판매자가 제아무리 '이거 한 번 써 보세요, 정말 좋거든요!'라고 말한다고 해도 믿지 않는 것이지요. 이는 소비자들의 결정이 외부 기준이 아닌 자신의 판단에 의한 것, 즉 선택권이 스스로에게 있는 것을 선호하는 것과 일맥상통합니다.

사교육 역시 이와 다르지 않습니다. 소비자들이 정보에 대한 접근이 어려웠던 예전에는 전통적인 방식의 정보 제공형 홍보가 효과를 보았습니다. 하지만 이제는 클릭 한 번으로 다양한 정보를 대부분 얻을 수 있는 시대가 되었습니다. 우리가 생각하는 학원에 대한 정보(교습 대상, 교습 과목, 교육비 등)를 더 이상 '정보'라고 말하기 어려운 이유입니다. 포털사이트 검색 한 번이면 더 저렴한 교육비를 내세운 학원과 개인 과외가 즐비하고 우리 동네에 있는 모든 학원 리스트를 뽑을 수 있는 환경에서 학부모님이나 학생은 교육비가 싸다거나 학생에게 필요한 과목을 가르친다는 이유만으로 학원을 선택하지 않으니 말입니다.

즉, 이제 소비자(학부모님이나 학생)에게 전달해야 하는 정보는 검색으로 얻기 어려운 것들이어야 합니다. 그래야만 주목을 끌 수 있습니다.

정보가 적었던 시대의 학원 정보

학원의 위치 / 전화번호 / 교습 대상 / 교육 과목 / 성취 우수 학생 등

정보가 넘치는 시대의 학원 정보

기존 정보 + 원장님의 교육관 / 교육 효과 / 학생 변화 양상 / 전문성 등

시대가 변했으니 홍보의 핵심도 바뀌어야 합니다. 공급자인 강사는 늘어나는데 소비자인 학생은 줄어드는 상황에서 사교육 시장에 처음 진입하는 신규 원장님은 기존의 학원들이 제공하기 어려워했던 새로운 가치를 캐치프레이즈로 내세워야 합니다. 저렴한 교육비나 학교에서 가까운 위치와 같은 것만으로는 이미 자리를 잡은 기존의 학원 및 원장님들과의 경쟁에서 밀려날 수밖에 없습니다. 그러므로 신규 원장님일수록 더욱 인간적이고, 숫자로는 드러내기 어려운 가치에 집중해야 합니다.

원장님의 교육관, 열정, 신념, 실력는 물론 교육에 대한 전문성, 노력을 전면에 드러내어야 학생과 학부모님은 원장님의 학원을 수많은 학원 중의 하나가 아닌 대체할 수 없는 것으로 인식하기 시작합니다. 이러한 가치들을 자연스럽게 드러내는 가장 쉬운 방법은 학원 블로그를 이용하는 것입니다. 이때 학원 블로그(혹은 홈페이지)에 꼭 들어가야 하는 내용들을 정리했으

니 점검해 보기 바랍니다. 기간을 정해 놓고 하나씩 체크해 나가는 것도 좋은 방법이겠지요?

학부모님의 눈길을 끄는 포스팅 주제 BEST 10

번호	포스팅 주제	세부 내용
1	주력 학교 정보 제공	학교에 대한 객관적 정보를 제공할수록 학원의 전문적인 이미지는 쑥쑥 자라납니다. 경쟁자가 볼까 두렵다고요? 그럴 땐 주요 정보에 살짝 모자이크를 해 주는 센스를 보여 주세요. • ○○ 초등학교 단원 평가가 중요한 이유는? • ○○ 중학교 시험 문제 완벽 분석 • ○○ 고등학교 부교재 총정리
2	우리 학원 교재/교구 소개	딱딱한 커리큘럼보다 좀 더 친근하고 명확하게 학원의 수업을 소개할 수 있어요. 글의 방향에 따라서는 교육관도 드러낼 수 있겠지요. • ○○ 학원은 왜 미국 교과서로 수업을 할까? • ○○ 학원의 중·고등학교 내신 대비 교재 소개 • 창의력을 높여 주는 ○○교구 알차게 사용하는 비법
3	수업을 준비하는 선생님의 모습	선생님들의 열정과 수업에 임하는 태도를 자연스럽게 드러내 보세요. 학부모님의 신뢰가 덤으로 따라옵니다. • 내신 대비 ○○ 중학교 교과서 분석 끝! 자료 제작 시작 • ○○ 공부방 개별 상담 파일 정리 중이에요. • 아이들 진로 상담을 위해 ○○쌤은 입시 공부 중
4	학생들과의 일화	단순히 공부를 잘하는 성적 우수자가 아니라도 좋습니다. 기억에 남는 학생, 칭찬하고 싶은 학생, 변화된 학생을 소개하며 학원의 노하우를 알려 보세요. • 울면서 공부하던 그 아이, 지금은 어떨까? • ○○경시대회 금상 받은 아이에겐 특별한 것이 있다? • 영어 싫어하던 아이가 어느새 영어 영재가 된 비법
5	특정 클래스 소개	명확한 타깃을 제시하세요. ○학년, ○○ 학교, ○○수준의 팀 등 아주 구체적인 소개는 학원 이동 시기에 학부모님의 주목을 끌게 됩니다. • ○○동 독서 논술 교습소, 4~6학년 여름 방학 서양 고전 읽기 특강 안내 • ○○ 영어 학원, '문법+독해+단어' 올인원 중등 대비 클래스의 목표는?

6	우리 학원만의 차별점	다른 학원이 아닌 우리 학원을 선택해야 하는 이유가 무엇일까요? 남들도 전면에 내세우는 내용 대신 우리 학원을 대표할 수 있을 만한 구체적인 차별점에 대해 생각해 봅시다. • ○○동 최초 도입! '도형과 친해지는' 교구 수업 • ○○ 공부방의 파닉스가 특별한 이유는? • ○○ 학원, 사설 모의고사 실시로 완벽 수능 대비!
7	중위권을 위한 솔루션	학원 이동에 가장 많은 비율을 차지하고 있는 중위권을 위하여 우리 학원은 어떤 준비를 하고 있는지 알려주세요. • 4등급, 우선순위는 단어! ○○ 학원 단어 챌린지 • 상위권 도약을 위한 ○○쌤의 특별한 이론 수업 • 중위권 자신감 찾기: 30일 300문제 풀기 미션은?
8	학부모님의 최대 고민은?	상담을 하다 보면 자주 받는 질문들이 있습니다. 학부모님이 가장 답답해하고 궁금해하는 질문에 대한 답을 풍부한 자료나 예시와 함께 제시합니다. • ○○ 고등학교는 선행을 어디까지 해야 할까? • ○○ 수학쌤이 알려주는 초등 수학 선행 필수 체크 • 영어 발음, 정말 중요한가요? – ○○ 영어학원
9	교육 뉴스 소개	새로운 정책이 발표될 때마다 불안해하는 학부모님의 마음을 진정시켜 주세요. 동시에 교육에 대한 전문성과 원장님의 입장에서 보는 교육 전망 예측이나 생각은 원장님의 교육관을 보여 줄 수 있는 기회가 됩니다. • 고교학점제, 초등학교 때는 ○○을 준비해야 합니다. • 수행평가 증가, ○○ 중학교는 어떨까? • 논술형 수능 도입? ○○쌤이 알려주는 비법 공개
10	정리된 공지 페이지 만들기	마지막으로 해야 할 것은 기본적인 정보들과 자주 묻는 질문이 잘 정리되어 있는 공지 페이지입니다. 우리 학원의 위치, 운영 시간, 수업 학년, 수업 방식, 수강료 등을 미리 정리해 두세요. 필요할 때마다 링크를 보내 드리거나 다른 포스팅 하단에 링크를 삽입하여 상담의 효율을 높일 수 있습니다.

또, 학원을 운영하다 보면 블로그 운영은 물론 오프라인 전단지나 학원 내에 비치할 각종 인쇄물 등 디자인 작업이 꽤 많이 필요하다는 것을 느끼실 것입니다. 디자인을 못해도 괜찮습니다. 요즘은 클릭 몇 번이면 전문 디자이너가 만든 것처럼 결과물을 낼 수 있도록 도와주는 사이트가 많으니까

요. 다음 사이트 중 원장님이 사용하기 편리한 것을 골라서 사용해 보세요. 모든 기능을 사용하기 위해서는 유료 결제가 필요하지만 무료로 사용해도 충분합니다. (단, 상업적 이용 시 주의사항을 꼭 확인하세요.)

● 미리캔버스[8]

디자인부터 인쇄소 연결까지 한 번에 가능한 사이트로, 온라인은 물론 오프라인 홍보물·인쇄물 제작에 편리합니다.

● 캔바[9]

SNS에 알맞은 이미지가 특히 많은 사이트입니다. 클릭 몇 번으로 문구를 수정하고 다운받을 수 있어 인스타그램 등을 활용하는 원장님에게 적합합니다.

8) 사이트 주소: https://www.miricanvas.com/
9) 사이트 주소: https://www.canva.com/

● 망고보드[10]

앞의 두 사이트에 비해 인지도는 낮지만 그렇기 때문에 쉽게 보지 못했던 디자인들이 많습니다. 다른 사람들과는 차별화된 디자인이 필요한 원장님에게 적합합니다.

온라인 홍보를 진행했다면 이제 오프라인 홍보도 시작해야 해요. 가장 좋

10) 사이트 주소: https://www.mangoboard.net/

은 홍보는 온·오프라인을 병행하는 것입니다.

인터넷 검색에 익숙하지 않은 학부모님도 많고, 최근에는 '온라인에는 순 광고밖에 없잖아요!'라며 아예 인터넷 검색을 통해 교육 정보를 찾아보려고 하지 않는 학부모님도 많습니다.
그러므로 운영을 하는 원장님은 최대한 많은 잠재 고객을 끌어오기 위해 온·오프라인 홍보의 균형을 잘 맞춰야 해요.

오프라인 홍보는 크게 3가지로 나눕니다.

● 현수막과 배너

현수막과 배너를 함께 묶은 것은 이 두 가지 인쇄물의 기대 효과가 거의 동 일하기 때문입니다.
두 가지 인쇄물의 공통점은 고정된 위치에서 사람들의 눈길을 사로잡는다 는 것입니다. 주로 학원 창문이나 입구 등에 설치해 놓고 오가는 사람들에 게 홍보하고 싶은 내용을 알리는 방식입니다.

자, 이제 우리가 행인이 되었다고 가정해 볼까요?
만약 여러분이 길을 지나는 학부모님이라면 어떨 때 현수막이나 배너가 눈 에 들어올지 생각해 봅시다. 지금 학원에 만족하고 있고 우리 아이도 학업 적으로 아무런 문제가 없을 때인가요? 아니면 학원을 바꿔 보려고 생각하 고 있거나 우리 아이가 학업 문제로 고민이 많을 때인가요?
맞습니다. 당연히 후자겠지요.

따라서 현수막과 배너를 제작할 때는 이런 학부모님의 시선과 마음을 우선적으로 알고 강조 문구를 결정해야 합니다.

간혹 학원의 이름이 가장 메인이 되거나 허전해 보인다는 이유로 별 의미 없는 그림이나 장식을 너무 크게 하여 메세지가 아닌 장식에 보행자의 시선을 빼앗긴다면 결코 유의미한 결과를 얻을 수 없습니다.

● **전단지**

전단지 배포를 한 번도 해 보지 않은 원장님은 손에 꼽을 것입니다. 하지만 효과를 보았다고 말하는 원장님 역시 찾기가 매우 어렵지요.

전단지 광고가 홍보 효과를 누리기 위해서는 '지역 광고'라는 것을 잊어서는 안 됩니다. 오프라인 광고의 기본은 로컬라이징입니다. 우리의 잠재 고객은 전국에 흩어져 있는 것이 아니라 우리 지역, 그것도 시 단위가 아닌 '동' 단위의 작은 지역에 있을 확률이 매우 높습니다. 하지만 대다수의 초보 원장님은 전단지를 제작할 때 마치 '전국 단위'를 타깃팅하는 것과 같은 실수를 하고 맙니다.

로컬라이징 광고는 우리 지역에 기반한 정보임을 명확하게 드러냄으로써 고객의 행동을 유도하는 것을 말합니다. 또한, 로컬라이징 광고는 브랜드 호감도를 높이기 위한 이미지 광고가 아니라 잠재 고객을 곧바로 사업장으로 불러들이는 데 목적이 있으니까요.

만약 여러분이 중학교 입학을 앞둔 초등학생 자녀의 학부모님이라면 다음 두 가지 전단지를 보고 어떤 학원에 상담 전화를 걸지 생각해 봅시다. 전단지 마케팅의 기본은 고객의 피드백을 측정할 수 있어야 한다는 것, 꼭 기억하세요!

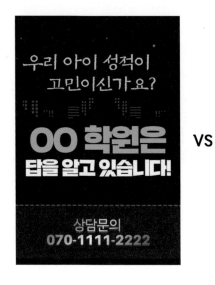

● 판촉물

학원 판촉물은 시간이 흐름에 따라 계속 진화하고 있습니다.

떡 메모지, 공책, 볼펜 같은 학용품은 여전히 스테디셀러 자리를 지키고 있지만 최근에는 종량제 봉투, 수세미 같은 생활용품도 판촉물로 많이 사용하고 있습니다. 학생의 손에서만 그치지 않고 학부모님에게까지 전달되기 위한 원장님들의 고민이 엿보이는 부분입니다.

판촉물과 함께 전달되는 전단지나 브로슈어는 좀 더 내용이 자세해도 좋습니다. 이미 선물과 함께 잠재 고객의 집으로 들어갈 확률이 높아졌으므로 시선을 잡기 위해 고심하기보다는 우리 학원의 장점과 특징을 보다 구체적으로 설명하는 것이 가능해집니다.

노트는 여전히 매력적인 판촉물입니다. 표지나 속지를 통해 반복적으로 우리 학원을 노출할 수 있기 때문이지요.

판촉물을 선택하는 데 있어서는 고객에게 필요한 것이 우선시 되어야 합니다. 비용을 지나치게 아낄 경우 품질 저하로 이어질 수밖에 없으므로 돈을 쓰고도 욕을 먹는 일이 종종 벌어질 수 있다는 사실을 염두에 두세요.

커리큘럼 및 반 구성의 원칙

대부분의 보습 학원은 교과 교육과정의 진도를 기준으로 학년별, 수준별로 반을 구성합니다. 다만 개별 진도를 나가는 코칭식 수업이라면 학년과 수준이 다른 학생들을 같은 시간에 배정해도 무방합니다. 하지만 반을 구성하기 전에는 먼저 해야 할 일이 있습니다. 다음 표의 질문을 확인해 보세요.

Q1	운영 중이거나 운영하려고 하는 학원의 최대 학생 수는 몇 명인가요?
Q2	최대 학생 수에 도달하게 되면 기대 매출액은 얼마나 되나요?
Q3	학원 및 공부방의 평균적인 지출(비용)은 매달 얼마인가요?
Q4	희망하는 최소 매출액(매출액−지출)은 얼마인가요?
Q5	Q4에서 대답한 최소 매출액을 달성하기 위해서 유지해야 하는 학생 수는 몇 명인가요?

많은 예비 원장님들과 초보 원장님들은 아직 사업자라기보다는 교육자의

마인드가 강합니다. 따라서 최대·최소 매출을 생각하기보다는 '아이들을 위해 어떻게 반을 구성해야 하지?', '효과 있는 교육을 하기 위해서는 정원을 몇 명으로 하는 것이 좋을까?'와 같은 고민을 바탕으로 반을 오픈할 계획을 세우곤 합니다.

이것이 틀렸다는 말을 하는 것이 아닙니다. 다만, 간혹 지나치게 학생들을 위하다가 원장님 본인은 '남 좋은 일'만 하게 되는 일이 종종 발생하게 됩니다. 결국 원장님이 하는 일은 사업인지라 충분한 금전적 유인이 없다면 마음이 꺾여 버리는 일은 발생하고 맙니다. 이런 결과는 원장님에게도, 학생에게도 좋지 않습니다. 학생들은 졸지에 믿고 따르던 선생님을 잃게 되는 것이고, 원장님은 꿈꾸던 교육을 하겠다는 원동력을 잃어버리는 것이니까요.

그러므로 자신의 교육관을 끝까지 밀어붙이기 위해서라도 앞의 다섯 가지 질문에 대답하고, 매출과 지출을 고려한 커리큘럼과 반 구성을 해야만 합니다. 다시 한 번 더 말하지만, 우리는 무료 교육 봉사를 하는 것이 아닙니다. 교육 사업을 하고 있는 사업자이므로 매출액의 기준을 세우는 일은 매우 중요합니다.

한 반의 구성 인원을 정했다면 본인의 수입의 최대 매출액과 손해가 되지 않을 최소 학생 수를 계산하는 일은 필수입니다. 월 천만 원의 순수익을 얻고자 하는 원장님의 학원에 모든 반의 정원이 꽉 찼을 때를 가정한 최대 매출액이 1,200만 원이라고 합시다. 이때 여러 가지 비용 및 고정비를 지출하고 나면 순수익은 천만 원에 미치지 않을지도 모릅니다.

따라서 처음 반을 구성할 때는 최대 매출액을 기준으로 하여 현재 학생 수가 몇 퍼센트나 되었는지 확인한 후 추가로 반을 더 개설해야 하는지(강사를 고용해야 할지), 진도나 실력이 비슷해진 반은 통폐합이 가능한지 등 큰 틀에서 확인해야 합니다.

다음 사례를 보며 나에게 맞는 시간표 리모델링에 대해 고민해 볼까요?

E 원장님(공부방 운영)

1	운영 중이거나 운영하려고 하는 학원의 최대 학생 수는 몇 명인가요? → 한 반의 정원은 4명으로 총 6개의 반을 운영하므로 최대 학생 수는 24명입니다.
2	최대 학생 수에 도달하게 되면 기대 매출액은 얼마인가요? → 인당 15만~25만 원, 평균 수강료는 20만 원 　즉, 20만 원×24명=480만 원입니다.
3	학원 및 공부방의 평균적인 지출(비용)은 매달 얼마인가요? → 공부방의 한 달 고정 지출은 평균 30만 원입니다.
4	희망하는 순매출액(매출액−지출)은 얼마인가요? → 한 달에 300만 원 이상은 벌고 싶어요.
5	4에서 답한 최소 순매출액을 달성하기 위해서 유지해야 하는 학생 수는 몇 명인가요? → 17명(매출액 340만 원−지출 평균 30만 원=310만 원) 　즉, 평균 한 반의 70%가 채워져야 합니다.

E 원장님은 한 달에 300만 원 이상의 순이익이 남기를 기대하고 있습니다. 하지만 초등부 영어 학원은 주말 수업의 수요가 적고, 밤늦은 시간의 수업 선호도는 낮아서 평일 저녁 6시 전에는 모든 수업을 마무리하고 있습니다. 혼자 수업을 하는 공부방이기 때문에 개설한 반은 모두 6개이고 학생들을 보다 꼼꼼하게 봐주고 싶다는 생각으로 한 반 정원은 4명으로 정했습니다. 그동안 '앞으로 벌고 뒤로 밑진다.'는 느낌이 들었다는 E 원장님은 위의

질문에 하나씩 답변을 하며 공부방에 구조적인 문제가 있었음을 깨달았습니다.

궤도에 오르지 않은 이상 한 반의 70%의 평균 수강생을 꽉꽉 채우기란 초보 원장님에게 쉬운 목표가 아닙니다. 운영을 하다 보면 인기 있는 반이나 학년은 꽉 차서 입회 문의를 거절해야 하는 반이 있는가 하면 1년을 가르쳐도 정원의 2~30%를 넘지 못하는 반도 있습니다. 결국 평균을 내면 총 정원의 5~60% 정도가 된다는 뜻입니다.

F 원장님도 마찬가지였습니다. F 원장님의 공부방은 1, 2학년 학생들이 많아 저학년 2개 반은 모두 정원 마감이었습니다. 그러나 저학년 반은 수강료가 15만 원으로 저렴하기 때문에 1인 수강료를 평균 20만 원으로 계산한 기댓값보다 실제 매출액이 적을 수밖에 없었습니다.

결국 E 원장님은 두 가지 결단을 내렸습니다. 1, 2학년 저학년 반은 각각 최대 정원을 4명에서 6명으로 늘리되, 주 2회에서 주 3회로 바꾸고 원비를 15만 원에서 17만 원으로 변경했습니다. 수요가 적던 5, 6학년 고학년 반은 1개반으로 통폐합하는 대신 주 1회 무학년제(정원 6명) 원서 읽기 반을 개설했습니다.

1~2학년 반 15만 원×4명×2반
3~4학년 반 20만 원×4명×2반
5~6학년 반 25만 원×4명×2반
최대 기대 매출액 **480만 원**

1~2학년 반 17만 원×6명×2반
3~4학년 반 20만 원×4명×2반
5~6학년 반 25만 원×4명×1반
원서 읽기 반 12만 원×6명×1반
최대 기대 매출액 **536만 원**

최대 기대 매출액이 50만 원 이상 늘어난 것이 보이시나요?

수요가 많은 반의 정원이 여유로워 지면서 운영도 자연스럽게 회복이 되었습니다. 심지어 3~4학년이나 5~6학년 학생들도 원서 읽기 반에 관심을 가지며 추가 매출액을 기대할 수 있었습니다.

1~2학년 반 50분×주 2회=100분 총 200분
3~4학년 반 80분×주 2회=160분 총 320분
5~6학년 반 90분×주 2회=180분 총 360분
총 수업 시간 **주당 880분**

1~2학년 반 50분×주 3회=150분 총 300분
3~4학년 반 80분×주 2회=160분 총 320분
5~6학년 반 90분×주 2회=180분 총 180분
원서 읽기 반 50분×주 1회=50분 총 50분
총 수업 시간 **주당 850분**

그런데 또 다른 효과가 있었습니다.

시간표를 리모델링하면서 최대 기대 매출액은 늘어났지만 오히려 수업 시간은 줄어든 것이지요. 이것이 바로 지역 수요에 따른 시간표 리모델링의 효과입니다.

단, 중·고등학교 수업을 하는 원장님이라면 시간표 리모델링을 할 때 고려해야 할 요소가 하나 더 있습니다. 바로 학교의 시간표입니다. 중학교는 학교에 따라 수업 종료 시간이 다르고, 고등학교는 심지어 야간 자율 학습이나 기숙사 문제 등도 고려해서 시간표를 짜야 합니다. 따라서 기본적인 학교의 행사 일정 정도는 반드시 확인을 해야겠지요? 기껏 시간표를 짰는데 학교 시간에 맞지 않아서 수업을 듣지 못하겠다는 대답이 돌아온다면 단순히 학생 한 명을 놓친 것이 아닙니다. 학부모님은 '저 원장님은 이 동네 학교의 상황을 잘 모르나?' 하는 의문을 가지게 될지도 모릅니다.

이미 운영을 하고 계신 원장님은 학생들의 시간표와 심지어 다른 학교의 시간표까지 학생들을 통해 입수하는 것이 별로 어렵지 않습니다. 하지만 새로운 지역에서 이제 막 개원을 하는 신규 원장님에게 시간표를 입수하는 것이 쉬운 일은 아닙니다. 답답한 마음에 다른 학원에 염탐 전화를 걸어 보는 경우도 있지만, 이를 통해 원하는 정보를 얻는 것은 그리 녹록지 않습니다. 기존에 자리를 잡은 학원 원장님들은 학부모님의 상담 전화와 정보를 얻고자 염탐하는 전화를 귀신같이 구분하거든요. 경험이 쌓인 탓입니다.

진짜 정보를 준다고 하더라도 무작정 믿기도 어렵습니다.

"1학년인데 몇 시 수업부터 있나요?"

"우리 학원은 1학년 수업이 2시부터 있습니다."

이런 대답이 돌아왔다고 해도 근처 초등학교가 1시 30분에 마치는지 1시에 마치는지 12시에 마치는지는 알 수 없기 때문입니다. 또, 학원마다 반드시 학교의 하교 시간에 맞추어 시간표를 구성하지 않을 수도 있기 때문입니다. 결국 가장 정확한 학교 시간표는 경쟁 학원이 아닌 그 학교에 직접 물어야 합니다.

▲ 학교알리미 사이트 학교별 공시 정보

포털 사이트에서 '학교알리미[11]' 사이트를 검색한 다음 학교 이름을 검색하고 교육활동 중 '학교 교육과정 편성·운영 및 평가에 관한 사항'을 클릭해 보세요. 그런 다음 '학교 교육과정 편성 운영 계획'이라는 이름의 첨부파일을 내려받으면 해당 학교의 모든 학년 시간표를 쉽게 확인할 수 있습니다.

어렵다고요? 그렇다면 스마트폰 애플리케이션을 다운받아서 시간표를 확인하는 방법도 있습니다. 대표적인 시간표 확인 애플리케이션은 '컴시간'과

....

11) 사이트 주소: https://www.schoolinfo.go.kr/

'오늘학교'입니다. 두 가지 애플리케이션 모두 무료로 사용이 가능하지만 아쉽게도 모든 학교의 시간표와 정보를 확인할 수 있는 것은 아닙니다. '학교알리미' 사이트보다 직관적이고 사용이 간편하며 각 수업 시간도 정확하게 나오는 편이라 일단은 확인해 보기를 권합니다.

컴시간

교시	월(1)	화(2)	수(3)	목(4)	금(5)
1(09:00)		기술	국어	사회	자유
2(09:55)		정보	스포츠	가정	자유
3(10:50)		국어	사회	과학	자유
4(11:45)		수학	미술	체육	자유
5(13:20)		도덕	과학	영어	
6(14:15)		체육	체육	국어	
7(15:10)		진로	영어	수학	

학교명 ○○중학교 / 일자 24-01-01 ~ 24-01-06 / 학급 1-1 / 제 1 학년 1 반 시간표

컴시간

교시	월(1)	화(2)	수(3)	목(4)	금(5)
1(09:00)		한문	영어	체육	자율
2(09:55)		과학	과학	한문	자율
3(10:50)		수학A	도덕	국어A	
4(11:45)		체육	수학B	진탐	
5(13:30)					
6(14:25)					
7(15:20)					
8(16:15)					

학교명 ×× 중학교 / 일자 24-01-01 ~ 24-01-06 / 학급 1-1 / 제 1 학년 1 반 시간표

▲ '컴시간'에 제시된 학교 시간표

마지막으로 커리큘럼을 짤 때 필수적으로 고려해야 할 것은 바로 우리 지역의 부당 교습비 상한선을 확인하는 일입니다. 이게 무슨 말이냐고요? 대부분의 지역에서 원장님은 원하는 대로 고액의 수업료를 받을 수 없습니다. 즉, 언론이 만들어 낸 '고액 과외비' 같은 것은 사실 불법인 경우가 대다수인 것이지요.

처음 학원이나 교습소, 공부방 등록 시 교육청에서는 '운영하는 반의 교습 시간과 수강료'를 기재하게 하고 이를 교육청 등에 공개하고 있습니다. 만

약 신고 금액과 상이한 수강료를 받다가 걸린다면 벌점 및 과태료를 물게 되니 주의해 주세요.

서울 25개 구의 분당 교습비 상한선

- 예체능, 논술, 입시, 외국어 등 과목에 따른 교습비 상한선은 각각 다를 수 있으며, 지역에 따라 초등 · 중등 · 고등부의 차이를 두기도 합니다.
- 보습 · 단과를 기준으로 하고, 학년 구분이 있을 경우 초등을 기준으로 한 것입니다.

구	분당 교습비	구	분당 교습비
강남구	280원	서대문구	179원
강동구	192원	서초구	280원
강서구	189원	성동구	184원
강북구	184원	성북구	184원
관악구	181원	송파구	192원
광진구	184원	양천구	189원
구로구	187원	영등포구	187원
금천구	197원	용산구	194원
노원구	189원	은평구	179원
도봉구	189원	종로구	184원
동대문구	173원	중구	184원
동작구	181원	중랑구	173원
마포구	179원		

※ 2023년 8월 기준이므로 각 지방교육청 사이트에서 정확한 분당 교습비 상한선을 확인해 주세요.

우리 지역 학구열 파악하기

학부모님들은 학원 쇼핑을 합니다.

이것은 나쁘게 보기만 할 것이 아닙니다.

학부모님이 자신의 아이의 상황과 목표, 기대치 등을 고려하여 커리큘럼뿐만 아니라 시간표, 수강료까지 딱 맞는 학원을 찾으러 다니는 것은 당연한 일입니다. 이것저것 세심하게 고려하는 학부모님의 선택을 받으려면 확실한 커리큘럼이 있어야 합니다.

학부모님이 찾아와 주는 학원을 만들기 위해서는 당연히 우리 지역 학부모님의 니즈를 파악해야겠지요?

결국 학구열입니다.

교육에 대한 열의가 지역별로 다릅니다. 그 지역의 학구열에 맞는 커리큘럼을 가지고 있어야 그 지역에서 1등 학원이 될 수 있습니다.

학원이 있는 지역의 학구열은 어떻게 파악할 수 있을까요?

'학교알리미' 사이트의 졸업생의 진로 현황에서 자율형 사립고등학교, 특수 목적 고등학교 진학 비율을 살펴보면 쉽게 알 수 있습니다.

학구열이 높은 곳과 낮은 곳의 진학 비율 비교

분류	학구열이 높은 곳	학구열이 낮은 곳
특성화고	3.1% (8명)	22.9% (66명)
외고, 국제고	2% (5명)	1.4% (4명)
과학고	0.8% (2명)	0% (0명)
예고, 체고, 마이스터고	0.4% (1명)	3.1% (9명)
자율형 사립고	46.9% (119명)	0.3% (1명)
일반고	43.3% (110명)	71.5% (206명)
기타	3.5% (9명)	0.6% (1명)

(출처: 학교알리미)

자율형 사립고등학교에 진학하는 학생 수로 비교해 봅시다.

학구열에 높은 강남 8학군의 한 중학교의 경우 자율형 사립고등학교에 진학하는 학생은 119명입니다. 반면, 학구열이 상대적으로 낮은 곳은 자율형 사립고등학교의 진학하는 학생은 1명입니다. 자율형 사립고등학교에 진학하는 학생 수만 비교해서도 학구열의 뚜렷한 차이를 확인할 수 있으므로 이에 알맞은 커리큘럼이 필요합니다.

학구열이 높다는 것은 심화학습에 관한 관심이 높다는 것과 같습니다. 학구열이 높은 강남 8학군, 대치동과 같은 지역에서는 미취학 아동일 때부터 사교육을 시키는 일이 허다합니다. 초등학교 때부터 준비하는 입시 공부, 고등학교 입학 전에 끝내는 수능 공부 등을 내세워 커리큘럼을 만들기도 합니다. 또, 학구열이 높은 지역에서는 학원이 초등 전문 학원, 중등 전문 학원, 고등 전문 학원으로 세분화되어 있습니다. 초등학교 입학 전 '영어 작문하기', 중학교에 들어갔을 때 '수능 1등급을 만들기 위한 포석 쌓기' 등 상상 이상의 실력을 학생들이 학원에서 키우기를 원합니다. 그뿐만 아니라, 자율형 사립고등학교 진학을 목표로 하는 학생들을 대상으로 이를 대비하는 매력적인 커리큘럼도 필요합니다.

학구열이 높은 곳과 낮은 곳의 졸업생 비교

분류	학구열이 높은 곳	학구열이 낮은 곳
대학	54.2% (218명)	33.5% (65명)
전문대학	0.8% (3명)	29.4% (57명)
기타	45% (181명)	37.1% (72명)

(출처: 학교알리미)

위의 표에서 학구열이 높은 곳은 강남 8학군의 한 고등학교입니다. 전문대학 진학률이 0.8%로 3명 밖에 되지 않습니다. 반면에 학구열이 상대적으로 낮은 곳의 전문 대학 진학률은 29.4%로 57명입니다. 학군에 따라 학생들의 기대치가 크게 다름을 알 수 있습니다. 원장님의 지역에 맞는 커리큘럼으로 더 많은 학생들을 도와줄 방법이 필요합니다.

학구열이 높은 지역에서 1순위로 두어야 할 커리큘럼의 목표는 흔들림 없는 1등급 혹은 100점 맞기입니다. 반면에 학구열이 상대적으로 낮은 지역에서는 학교 내신 대비, 수능 대비 위주의 커리큘럼으로 등급을 조금이라도 올려 주기 위한 수업이 필요합니다. 또한, 대학교별 적성 고사 등을 대비해 주는 커리큘럼이 필요하기도 합니다.

단과학원의 경우 학구열이 높은 지역에서는 학생들이 스스로 부족하다고 느끼는 부분을 해결해 주는 수준별·분야별 커리큘럼이 필요합니다. 예를 들어 기하반, 미적분반, 확률과 통계반, 특목고 내신반, 내신 문법반, 리터니(외국에서 살다가 돌아온 사람)들을 대상으로 하는 영어 논술 토론반 등으로 세분화할 수 있습니다.

반면에 학구열이 낮은 지역에서는 내신과 수능 성적을 올리기 위한 개념 완성반, 실전 문제 풀이반 등이 필요합니다. 1등급 학생들과 1등급을 목표로 하는 상위권 학생들을 위한 커리큘럼 또한 필요합니다.

종합학원의 경우 학구열이 높은 지역에서는 목표한 대학에 맞추어 내신과 수능을 관리해 주는 커리큘럼이 필요합니다. 반면에 학구열이 낮은 지역에서는 공부를 전반적으로 도와주고 성적 등급이 올라갈수록 심화학습을 할 수 있는 수준별 커리큘럼이 필요합니다.

원장님이 원하는 교육 목표와 부합하고 우리 지역에 딱 맞는 커리큘럼을 세우기 바랍니다.

PART 3

운영의 시작

성공할 수밖에 없는 학원의 10가지 공통점

① 돈 버는 시간표 짜기

시간표를 짜는 것은 학원 마케팅의 시작입니다. 수업이 코칭식 수업 방식인지 판서식 반별 수업 방식인지는 학원의 뼈대가 됩니다. 또, 학부모님은 한 반의 정원이 몇 명인지, 한 학생에게 얼마만큼의 시간을 들이는지를 모두 따져 학원을 선택합니다. 결국 시간표는 학원의 성패를 좌우하는 것이지요.

1) 시간표와 커리큘럼 확인하기

시간표를 짤 때 가장 먼저 고려해야 할 것은 주요 대상 학교의 시간표와 커리큘럼을 확인하는 것입니다. 그 이유는 학교마다 배우는 교과목 및 기숙사 유무, 야간 자율 학습 여부 등 모두 다르기 때문입니다. 초등학생의 경우는 학년별로 수업 마치는 시간도 제각각입니다. 하교 시간을 정확하게 알아야지만 수업 시작 시간 설정이 가능합니다. 선생님마다 종례 시간도 차이가 있기 때문에 이를 고려하여 학원 시작 시간을 설정해야 합니다.

고등부의 경우는 시험 난이도 또한 고려해야 하는 부분입니다. 비평준화 지역은 특성상 상위권 학교와 하위권 학교의 시험 난이도 및 부교재 난이도가 매우 상이하기 때문에 수업 방식에도 영향을 줄 수 있습니다. 기숙사 여부에 따라 하교 시간이 다르기도 하고 주말은 기숙사에 들어가는 시간과 나오는 시간도 고려해야 합니다. 야간 자율 학습을 빠져야 할 경우 학원의 수강 증명서(확인서)가 있어야 하는 경우도 있습니다.

수강 증명서				
요일:		시간:		
학생	성명			
	학교			
세부 사항	과외명	교습 과목		비고
		학년	과목	
위의 내용을 증명합니다.				
년 월 일				
(서명 또는 인)				

수강 확인서			
성명		학원명	
학교		대표자	
학년		사업자 번호	
발급 목적		이메일	
발급인	원장	연락처	
	(인)	주소	

▲ 학원 수강 증명서 · 확인서 예시

2) 수업 방식에 따라 수업 시간 설정하기

수업 방식에 따라 수업 시간을 설정해야 합니다. 주로 수업 방식은 무학년제 코칭식 수업과 판서식 반별 수업이 있습니다. 각 방식별로 장단점을 고려하여 자신에게 맞는 방식을 선택하고, 그에 맞는 한 회차의 수업 시간을 설정합니다.

초등학생은 중 · 고등학생에 비해 집중 시간이 짧습니다. 그래서 초등부 수업은 짧은 시간으로 횟수가 많은 것이 특징입니다. 1회 1시간씩 주 5회로 수업을 진행하는 경우가 많지만 1회 1시간 30분씩 주 2회 혹은 주 3회로 진행하는 경우도 있습니다.

중등부의 경우는 초등부보다 빈도수를 줄이되 수업 시간을 늘려서 진행합니다. 1회 1시간 30분씩 주 3회 혹은 1회 2시간씩 주 2회로 진행하는 경우가 많으며, 간혹 1회 3시간으로 주 2회를 진행하는 경우도 있습니다.

고등부의 경우 1회 3시간씩 주 2회나 주말반을 활용하는 경우가 많습니다. 여러 가지의 시수로 설정하여 선택권을 주는 것도 방법입니다. 수업 시간과 횟수는 원장님 자신의 수업 스타일에 맞춰 자유롭게 설정하는 게 좋습니다. 수업 시간에 따라 수강료 책정이 달라지기 때문에 희망하는 수강료도 염두에 두어야 합니다.

3) 무학년제 코칭식 수업의 시간 분배

무학년제 코칭식 수업은 한 반에 6명 기준으로 2명씩 3그룹으로 나누어 수업할 수 있습니다. 6명의 학생들이 각기 다른 진도를 동시에 나갈 수 없기 때문입니다. 예를 들어 아래 표와 같이 영어 수업 시간을 분배해서 수업합니다.

A 그룹	B 그룹	C 그룹
단어 시험	독해 시험	오답 고치기
오답 고치기	단어 시험	독해 시험
독해 시험	오답 고치기	단어 시험

이러한 시간표는 진도의 차이가 많이 나는 최하위권이나 최상위권 학생들에게 유리합니다. 즉, 개개인에 맞게 교재나 학습 속도를 조정할 수 있는 맞춤식 수업이라는 장점이 있으며, 각기 다른 학교 학생들의 내신 대비도 가능합니다. 이 수업은 칠판이나 분필 등을 구매할 필요가 없어 비용이 적게 들고, 수준별로 반을 나누지 않아도 되기에 학생 모집 단계에서 유리합니다. 또한, 자기 조절 학습이 가능한 친구들에게 가장 효과적인 학습법으로 개인별로 문제를 풀어 줄 수 있어 과외와 같은 효과가 있습니다.

이러한 수업을 효과적으로 이끌기 위해서는 수업 시간에 학생들에게 각자 해야 하는 부분을 명확히 알려 주는 것이 중요합니다. 한 학생에게 집중할 수 있는 시간이 짧게 주어지기 때문에 최하위권 학생들이 많이 모여 있게 되면 수업 진행이 어렵습니다. 특히, 이 유형의 수업은 어느 정도 다른 수준의 학생들이 분포되어야 매끄러운 수업 진행이 가능합니다.
선생님은 동시에 다루어야 하는 교재가 많아 부담스러운 경우도 있습니다. 한 반의 정원이 많으면 관리가 힘들다는 점을 고려한다면 효율적으로 반을 구성할 수 있을 것입니다.

4) 판서식 반별 수업의 시간 분배
판서식 반별 수업은 킬러 문제와 준 킬러 문제를 설명하는 데 충분한 시간을 쓸 수 있습니다. 흐름이 끊기지 않는다는 장점 때문에 개념 설명 시 유리합니다. 여러 명이 함께 학습하는 것에서 오는 시너지 효과를 기대할 수 있으며 같은 수업을 반복할 필요가 없어 선생님의 피로도가 적습니다. 같은 내용으로 학생들에게 수업을 하기 때문에 학생 관리도 용이합니다.

다인원의 수업이 가능하다는 강점은 원장님의 매출액과 연결되기 때문에 한 반의 정원을 고려해서 결정해야 합니다. 주의해야 할 점은 학생 개개인 의 약점을 놓칠 가능성이 있다는 것입니다. 칠판과 같은 물품을 구비하고 유지해야 하기 때문에 부수적인 지출도 발생합니다. 또, 수준별로 시간표 를 구성해야 해서 학생 모집 과정에서 어려움이 발생할 수 있습니다. 잘못 측정된 학생의 수준으로 반이 이루어지면 지속적으로 수업이 삐걱거릴 수 있습니다. 그래서 고등부는 모의고사 등급을 기준으로 반을 구성하는 경 우가 많습니다. 인원이 너무 많은 경우 학생이 개별적으로 놓치거나 이해 하지 못한 부분을 적극적으로 질문하지 않으면 해결하기 어렵다는 것 또한 원장님이 염두에 두어야 할 부분입니다.

다음과 같이 선배 원장님들의 수업 시간표 예시를 참고하여 원장님의 학원 에 맞는 시간표를 기획하기 바랍니다. 과목이나 학년은 자유롭게 설정이 가능하며 타임 테이블의 구성을 확인해서 자신이 선호하는 방식대로 시간 표를 설정해 보세요.

* 주의 1. 같은 반은 같은 색깔로 표시했습니다.
  예) 초저 1반 월, 수, 금: 2:00~3:30 / 초저 2반 화, 목: 2:00~3:30
* 주의 2. 주 3회 반 또는 주 2회 반과 같이 여러 수업 시수 형태의 반을 개설해 놓으면 학생들 이 희망하는 커리큘럼으로 유도할 수 있습니다.
* 주의 3. 중·고등부의 학습 집중력 및 진도 상황을 고려했을 때 회당 수업 시간은 90분 이상 을 권합니다. 때문에 여러 학년이 섞여 있다면 매년 학년별 구성이 달라짐에 따라 시 간표 변경이 일어날 수 있다는 것도 고려해야 합니다.

시간＼요일	월	화	수	목	금
2:00~3:30	초저	초저	초저	초저	초저
3:30~5:30	초고	초고	초고	초고	초고
5:30~6:00	식사				
6:00~8:00	중등	중등	중등	중등	중등
8:00~10:00	고등	고등	고등	고등	고등

▲ 무학년제 코칭식 수업 시간표 예시 (수학 · 영어 공통)

시간	월 · 수 · 금	시간	화 · 목
1:30~2:20	초저A	1:30~2:50	초저C
2:30~3:20	초저B		
3:30~4:20	초고A	3:00~4:20	초고C
4:30~5:20	초고B		
5:30~7:00	중등A	4:30~5:50	중등B
7:00~8:30	고등A	6:00~7:20	중등C
8:30~10:00	고등B	7:30~10:00	고등C

▲ 판서식 반별 수업 시간표 예시 (수학 · 영어 공통)

중등부 A반, B반 수준별로 나누어 수업합니다. 판서식 반별 수업을 하는 경우 학생들을 수준별로 묶어서 수업을 해야 합니다. 신규 학생들은 기존에 다니고 있던 학생들과 진도와 수준이 맞지 않아 어려움을 겪기도 합니다. 따라서 기존 반에 신규 학생이 들어오기 전 레벨 테스트를 치르거나 기존의 성적을 확인하는 과정도 필요합니다.

시간	월·수·금	시간	화·목
1:30~2:10	초저A	1:30~2:20	초저C
2:10~2:40	개인 첨삭	2:20~2:50	개인 첨삭
2:40~3:20	초저B	3:00~3:50	초고C
3:20~3:50	개인 첨삭		
3:50~4:20	초고A	3:50~4:20	개인 첨삭
4:20~4:50	개인 첨삭	4:30~5:20	중등B
4:50~5:30	초고B	5:20~5:50	개인 첨삭
5:30~6:00	저녁 시간	5:50~6:30	저녁 시간
6:00~6:50	중등A	6:30~7:20	고등C
6:50~7:20	개인 첨삭		
7:30~8:10	고등A	7:20~7:50	개인 첨삭
8:10~8:40	개인 첨삭	8:00~8:50	고등D
8:50~9:30	고등B	8:50~9:20	개인 첨삭
9:30~10:00	개인 첨삭		

▲ 판서&개인 첨삭 시간표 예시 (수학 · 영어 공통)

개인 첨삭 시간을 따로 만들어 판서식 반별 수업에서 학생들이 못 따라왔던 부분을 보충할 수도 있습니다. 또한, 이 시간을 통해 오답 문제 해결 등 이해하지 못했던 부분을 학생별로 돌아가면서 봐줄 수 있습니다.

2

상담 성공률 100%,
입회를 부르는 상담의 기술

"입회 상담 한 건은 3,000만 원짜리 계약과 같습니다."

학원장 커뮤니티에 올라온 한 원장님의 말씀입니다. 글을 읽어보니 그 말
이 제법 일리가 있습니다.

초등학교 1학년 학생이 입회 후 중등부까지 다닌다면 총 9년이라는 재원 기
간이 나오게 된다. 1인당 교육비를 25만 원으로 가정했을 때, 초등부 6년
1,800만 원이고, 중등부 교육비 인상을 감안할 때 9년이면 약 3,000만 원
이라는 계산이 나온다. 이렇게 계산하면 한 명의 수강생은 단순히 한 달에
25만 원을 지불하는 고객이 아니라, 앞으로 3,000만 원을 지불할 VIP 고객이
되는 셈이다.
최고의 교육 서비스를 준비하고, 무조건 등록으로 마침표를 찍어야 하는 이유
가 바로 여기에 있다.

앞의 이야기를 읽으며 어떤 질문이 떠오르시나요?

'우리를 찾아오는 고객은 누구인가?'
'그 고객은 왜 우리를 찾아오는 걸까?'
'우리는 고객의 어떤 문제를 해결해 주어야 할까?'
'장기 고객으로 유치하기 위해 어떤 서비스를 제공해야 할까?'

학원 교육 서비스는 고객의 문제를 해결해 주고 나서 받는 수강료로 사업을 유지합니다. 상담을 통해 바라는 것을 파악하고, 장기 고객으로 우리의 서비스를 이용하도록 하기 위한 상담 포인트를 짚어보아야 하는 이유입니다. 궤도에 오른 학원에서 이루어지는 상담은 단순히 입회 시 상담으로 끝나지 않습니다.

이번 장에서는 입회 시 상담, 재원 중 상담, 퇴원 시 상담으로 시기를 나누어 고객의 니즈를 파악하고, 학원이 나아갈 방향에 대해 고민하는 방법에 대해 알아보겠습니다.

1) 입회 시 상담

자, 성공적인 학원 운영을 위한 VIP 고객과의 첫 만남을 어떤 마음가짐으로, 무엇을 준비해야 하는지 알아봅시다.

상담의 사전적 의미는 '문제를 해결하거나 궁금증을 풀기 위하여 서로 의논함'입니다.

상담을 통해 고객이 원하는 것, 해결하고 싶은 문제를 파악하는 것은 서비스 제공의 기본입니다. 그렇다면 우리 학원을 찾아오는 고객은 누구이고, 해결을 원하는 문제는 무엇일까요?

보통의 서비스가 한 명의 고객에게 필요한 것을 제공하면 되는 것과 달리, 학원의 고객은 특별합니다. 서비스를 직접 제공받는 고객(학생)과 결제를 하는 고객(학부모님)이 다르기 때문이지요. 성공적인 입회 상담과 학원의 안정적인 운영을 위해 이 두 고객을 모두 만족시켜야 합니다. 학생 관리와 학부모님 관리가 균형을 맞추어 진행되어야 하는 이유입니다.

얼마 전, 〈학원 상담 성공률 100% 등록을 장담하는 원장님의 상담 첫 마디는, 이겁니다[12].〉라는 유튜브 동영상에서 '이 질문이면 된다'라는 것을 보게 되었습니다. 학원 상담에서 고객을 움직이는 마법의 질문이라니 과연 무엇이었을까요? 그것은 바로, "어머니, 지금 우리 아이 어떤 점이 가장 걱정이세요?"였습니다.

하수가 하는 상담은 내가 제공하는 프로그램과 서비스가 얼마나 좋은지를 자랑하느라 바쁩니다. 하지만 고수의 상담은 고객이 말하도록 하는 것이라는 점이 포인트였습니다. 만일 영어 학원을 찾아온 고객이라면, "아이의 파닉스가 부족하다.", "리딩이 부족하다.", "영문법이 약하다.", "내신 성적을 올리고 싶다.", "스피킹 실력을 올리고 싶다.", "수능 대비가 고민이다." 등 다양한 니즈를 풀어놓게 되겠지요.

한 가지 꼭 기억할 점은 설득을 강요해서는 안 된다는 것입니다. 상담은 우리 학원에 등록하도록 학생과 학부모님을 설득하는 과정이지만, 설득을 당

---

12) 윤팀장TV, https://www.youtube.com/watch?v=T3WqlbqzL18

했다는 느낌을 좋아하는 고객은 없다는 것입니다. 그렇기 때문에 상담 시 우리는 고객이 스스로의 의지에 따라 최종 결정을 내렸다는 느낌이 들도록 하는 것이 중요합니다. 스스로 선택한 서비스라는 생각은 만족도를 올려 주기도 해요. 그들이 원하는 것을 파악한 후 우리가 제공 가능한 서비스를 '고객의 눈높이에서' 설명하면 됩니다. 어려운 용어를 섞지 않고, 눈에 보이듯 천천히 설명을 하는 것이지요. 이때 고객인 학부모님을 가르치려는 태도는 절대 금물입니다. 고객이 바로 경계하기 때문에 상담이 성공으로 이어지기 어렵습니다.

| 중고등전문 |
| ○○ 학원 |

○○ 학원 신입생 상담 기록

기본정보

| 성명 | | 연락처 | | 학교 | |
| 학부모연락처 | | 주소 | | | |

학습정보

사전 선행학습 정도	사전 사용 교재	기타

학습목표

희망 계열	희망 대학	희망 전공	현재 등급	목표 등급

기타상담내용

○○ 학원

▲ 자연스럽게 학생과 학부모님이 말하도록 하는 상담 문서 형식

고객의 경계를 허물기 위해서는 상담 전에 원장님이 준비해야 하는 것이 몇 가지 있습니다.

① 주변 학원에 대한 사전 조사

신입생은 어느 날 갑자기 뚝 떨어지는 것이 아니고 주변 학원에서 이탈해 오는 경우가 많습니다. 원장님은 미리 주변 경쟁 학원의 시스템, 교재, 관리 방법 등 모든 것을 파악해서 상담에 임하면 성공 확률이 높아집니다.

이때 고객이 지금 다니는 그 학원을 떠나려는 이유에 '공감'하고, 원장님이 제공할 수 있는 서비스의 장점을 설명하면 됩니다. 상담의 핵심은 지금 원장님 앞에 앉은 고객이 얻을 수 있는 혜택에 집중해 설명하는 것입니다. 단, 주변 학원에 대한 험담은 절대 금물입니다.

- ○○ 학원이면 태블릿 수업에 익숙하겠군요. 매체 활용 학습 능률이 높겠어요.
- 판서식 반별 수업을 경험해 본 적이 있을까요? 판서식 반별 수업이 처음인 경우에는 적응 기간이 1~2주 정도 필요할 수도 있습니다.
- ×× 교재를 사용하셨다고요? 좋은 교재지요. 저희가 쓰는 ○○ 교재와 시너지 효과가 좋답니다.

② 인근 학교에 대한 자료 조사

초등학생을 대상으로 수업을 한다면 해당 학교의 단원 평가의 예시 문항이나 진학하게 될 중학교에 대한 필수 정보 정도는 미리 준비해 놓는 것이 좋습니다.

이는 학교알리미 사이트를 검색한 다음 교육 활동 중 '학교 교육과정 편성·운영 및 평가에 대한 사항'에서 미리 확인할 수 있습니다.

중·고등학생을 대상으로 수업을 한다면 주력 학교의 시험 분석 자료가 학부모님에게 전문성을 어필하기에 매우 주효합니다. 분석한 자료를 상담 테이블이나 근처 벽에 붙여 놓고 시선을 유도하는 것도 자연스러운 방법입니다. 또한, 주력 학교의 문제 유형, 시험 범위, 부교재 등에 대해서 더듬거리지 않고 이야기할 수 있도록 충분한 연습이 필요합니다. 이는 상담을 온 학부모님에게 자신의 아이가 다니고 있는 학교를 꿰뚫고 있다는 인상을 줄 수 있습니다.

- A 초등학교 방학은 ○월 ○일부터라서, 우리 학원의 여름 방학 시간표는 이때부터 변동됩니다.
- B 중학교를 희망하신다고요? B 중학교 최근 시험 난이도는 이러하니 지금은 ×× 단계를 공부하는 것을 추천드려요.
- C 고등학교는 다른 학교와는 달리 2학년 때 ★★ 과목을 배우거든요. 이에 맞춰 우리 학원은 이런 방식으로 이루어집니다.

주의해야 할 점도 있습니다. 당장 입회를 확답받고자 하는 마음이 앞서 우리 학원을 과대 포장하거나 없는 것도 있다고 말하면 안 됩니다. 계속해서 제공할 수 없는 서비스를 함부로 약속하는 것 역시 금물입니다. 추후에 상담할 때의 이야기와 다르다면 불만 사항이 들어올 뿐 아니라 학부모님들 사이에서 평판이 떨어지는 지름길로 이어질 수 있기 때문입니다. 제공하는 교육 서비스에 대한 진정성과 확신을 가지고 고객이 궁금해 하는 것과 실제 학생들의 학습 사례를 있는 그대로 공유해 주세요.

2) 재원 중 상담

'입회-재원 중-퇴원' 상담 중 가장 중요한 것이 바로 재원 중 상담입니다. 재원생들에 대한 상담은 반드시 정기적으로 진행되어야 합니다. 이미 잡은 물고기라고 관심을 덜 쏟는 순간, 학생들은 그물 밖으로 아주 손쉽게 탈출하고 말기 때문이지요.

"재원생 상담이 중요하다는 건 알지만, 한 달에 한 번씩만 전화 상담을 진행해도 할 일이 너무 많아요."

정기적인 상담 업무에 대한 피로감을 호소하는 원장님도 많습니다. 만약 다른 업무에 지장을 줄 정도로 정기적인 상담의 부담이 크다면 과감히 간소화해도 괜찮습니다. 단, 절대 생략해서는 안 됩니다.

사실 재원생 상담의 핵심은 '지금 이대로라면 문제가 없겠는가?'에 대한 답을 제공해 주는 것이므로 학원과 학교에서의 평가를 근거로 지금까지의 학습 내용과 앞으로의 학습 계획을 알려주는 것만 해도 충분합니다.

만약 중·고등학생이라면 시험 성적의 변화를 기록해 놓고 2~3개월에 한 번씩 변화의 모습을 직관적으로 알 수 있도록 그래프화 해 놓는 것도 좋습니다. 학생의 변화를 이보다 더 확실하게 보여 주는 것은 없겠지요?

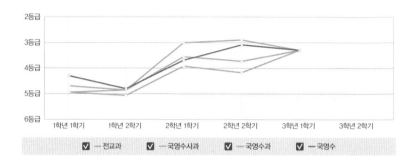

초등학생도 원내 테스트를 통해 변화의 모습을 꾸준히 기록해 놓는다면 30분의 시간이 소요될 상담 전화가 안내문 한 장으로 해결되기도 한답니다.

3) 퇴원 시 상담

퇴원생의 사례도 분석해 놓는 것이 좋습니다.

학원에 퇴원생이 발생하는 이유는 여러 가지가 있을 것입니다. 이사나 전학으로 인한 퇴원, 졸업으로 인한 퇴원, 질병으로 인한 퇴원 등과 같은 경우는 원장님이 어찌할 수 없는 경우입니다. 고마움과 아쉬움을 담아 다른 곳에 가서도 잘해내기를 진심으로 빌어줍니다.

하지만 우리가 주목할 것은 그 외의 경우입니다. 만일 퇴원 사유가 다른 서비스를 경험해 보고 싶은 마음이거나 서비스 불만족으로 인한 퇴원인 경우는 긴장할 필요가 있습니다.

학원 입장에서 퇴원생 상담이 중요한 이유는, 무엇보다 학원의 서비스를 개선할 힌트를 얻게 되는 기회이기 때문입니다. 학원의 서비스가 더 이상 만족스럽지 못하고 다른 서비스를 원하여 떠나기를 희망하는 경우, 퇴원생의 결정을 인정하고 존중함을 우선으로 합니다.

만약 퇴원의 낌새가 있는 학생이 있다면 미리 상담을 통해 불만족의 원인을 파악하는 것이 필요합니다. 이때 개선이 가능한 문제라면 수강 연장이, 그렇지 않은 문제라면 수강을 마무리 짓게 되는 것이지요. 퇴원 시 상담을 통해 비슷한 이유로 퇴원생이 발생하지 않도록 분석하고, 추후에 제공될 서비스 만족도 개선에 활용하도록 합니다.

하지만 현실적인 이유에서 퇴원생들의 실제 속마음을 알기란 어려울 때가 많습니다. 대부분의 학생과 학부모님은 예의를 갖추기 위해 불만이 있어 퇴원을 한다고 하더라도 속마음은 감추고 좋게 마무리를 하기 위해 노력하기 때문입니다.

"생각지도 못했던 학생이 그만둔다고 연락이 왔어요."

예상치 못한 퇴원생의 발생에 당황스러움을 토로하는 일이 생기는 것도 바로 이 때문입니다.
퇴원 의사를 밝힌 학생 또는 학부모님에게 직접 이유를 묻기 어렵다면 마무리 인사와 함께 인터넷으로 설문지 양식을 미리 만들어 놓고 링크를 전달하는 것도 좋은 방법입니다.

똑같은 실수를 반복하지 않기 위해 오답 노트를 쓰는 것처럼, 퇴원의 이유를 확인하고 발전해 나가는 과정은 반드시 필요하다는 점, 꼭 기억하기 바랍니다.

인터넷 설문지 양식 예시[13]

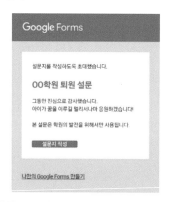

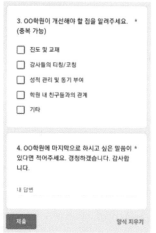

---

13) 사이트 주소: https://docs.google.com/forms

3

성적의 상승 곡선을 이루는 수업 만들기

대다수의 학생과 학부모님은 당연하게도 단기간에 빠른 성장을 원하지만 실제로 성적의 상승은 계단식으로 이루어지는 경우가 많습니다. 꾸준하지 않은 일회성의 성장으로는 학생의 실제 성적을 파악하기 어렵습니다. 시험 점수가 5~10점 정도 오른 것은 정말 실력이 오른 것인지, 혹은 운이 좋아 찍은 게 몇 개 더 맞아서 오른 것인지 구분이 되지 않기 때문입니다.

물론, 단기간에 성적이 많이 오른다면야 더할 나위 없이 좋겠지만 이는 대다수의 학생들에게 일반화되기 어려운 일임에는 틀림이 없습니다. 이에 우리는 급격하지는 않지만 착실하고, 확실하게 성적이 오르는 방향으로 전략을 짜는 것이 타당하므로 몇 가지 원칙을 공개합니다.

1) 현실적인 목표 설정

가장 최근 시험에 30점을 맞은 학생이 "선생님, 다음에는 꼭 100점을 받겠습니다."라고 한다면 '어이구, 이놈 대견하네.'보다는 '글쎄, 과연 가당키나

한 말인가?'라는 생각이 먼저 들 것입니다. 물론 이번 시험에서 고배를 마신 학생이 제대로 작심하여 달려들 가능성도 있지만, 대부분은 작심삼일로 끝나고 마는 경우가 많습니다. 그 이유는 단순합니다. 불가능하기 때문이지요.

처음에야 치기 어린 마음으로 시작하겠지만 학생도 점점 '어, 이건 안 되겠는데?'라는 생각을 할 것이고, '어차피 이렇게 해도 100점은 안 나올 거야.'라고 단념하면 '에이 어차피 안 될 거 같은데 때려치우자.'로 결말을 맺게됩니다. 따라서 학생 스스로가 할 수 있을 만큼의 목표를 설정하도록 도움을 주는 것이 중요합니다.

'이번에 30점 맞았으니 다음 시험은 4문제만 더 맞춰서 50점을 목표로 해 보자. 저번보다 조금만 더 공부하면 된단다.'

이와 같이 학생을 다독이며 목표를 이끌어 낸다면 스스로 해냈다는 성취감을 쉽게 획득할 수 있습니다. 단, 단기 목표를 달성했음에도 불구하고 아직 최종 목표까지는 멀었기 때문에 장기 비전을 반드시 제시하며 끊임없는 노력을 촉구할 필요도 있겠지요?

2) 선행? 현행? 후행?

'선생님, 고등학교 1학년 과정까지 다 했는데 중학교 3학년 내용을 다 잊어버려서 이 문제를 못 풀겠어요.'

현실적인 목표 설정이 끝났다면 이제는 수업을 어느 단계부터 진행할지를 정해야 합니다. 교육과정에서의 학습 내용은 학년이 올라감에 따라 계단식으로 진행됩니다. 앞의 계단을 밟지 않고는 다음 계단을 밟을 수 없듯이, 선수 학습 내용이 없는 상황에서 새로운 내용을 이해할 수는 없습니다. 하지만 왜 많은 이들이 선행을 자꾸 고집할까요? 이유는 간단합니다. 가시적인 성과가 보이기 때문입니다.

중학교 1학년 학생이 "중학교 2학년 과정의 심화까지 공부했다."보다는 "나는 벌써 고등학교 과정을 선행하고 있어."가 훨씬 귀에 들어옵니다. 그래서 다들 선행에 집착하는 것이지요. 하지만 실제로 시험을 한 번이라도 치뤄 본다면 수박 겉핥기식으로 많이 아는 것보다 하나라도 제대로 아는 것이 문제를 해결하는 데 훨씬 도움이 된다는 것을 깨닫게 됩니다. 마음이 급하여 무리하게 선행을 진행해도 나중에 기억하는 것이 없다면 다시 처음부터 수업을 해야 합니다. 수업을 두 번 하기보다는 한 번에 제대로 하는 것이 중요합니다. 물론 학생이 이해도가 높고 현행 학습이 잘 되어 있다면 받아들일 수 있을 만큼 선행을 나가는 것이 좋으나, 그렇지 않다면 후행까지도 고려하여 커리큘럼을 만들어야 합니다.

3) 용어와 개념부터 철저히

모든 공부의 시작은 개념을 똑바로 아는 일입니다.

새롭게 등장하는 단어와 개념의 정의를 제대로 알지 못한 채 다음 학습으로 넘어가면 결국 언젠가는 문제가 터지고 맙니다. 이러한 문제가 터지는 때는 바로 지금 당장이 될지, 1년 후가 될지, 3년 후가 될지는 알 수 없습니다. 때문에 이 문제를 더욱 무겁게 바라보아야 하는 것이지요.

수업 후 학생이 정의나 개념을 제대로 이해하지 못하고 있다는 것을 빠르게 알아챘다면 다행스러운 일입니다. 하지만 이를 알지 못하고 시간이 흘러 오개념을 가진 채 학년이 올라간 학생은 마치 여기저기 구멍이 난 항아리에 물을 아무리 채우려 해도 자꾸만 어디론가 새는 것처럼 열심히 가르쳐도 학습 성과가 나타나지 않게 됩니다. 더 큰 문제는 시간이 많이 지난 후에는 최초의 구멍이 어디였는지 찾기 어렵다는 것입니다.

이렇듯 각 용어의 정의나 개념을 제대로 공부하는 것이 첫 발자국입니다. 물론 원장님은 용어의 정의나 개념을 잘 알고, 능수능란하게 활용하고 있을 것입니다. 하지만 학생들은 그렇지 못하다는 것을 유념하고 있어야 합니다.

원장님은 오랫동안 써 왔던 것들이기에 너무나 익숙하고 당연한 용어들을 학생들은 오늘 처음 배웠습니다. 한 번 알려준 용어니까 당연히 곧바로 습득했을 것이라고 생각하고 수업을 진행해서는 안 됩니다. 어떤 학생들은 용어 자체를 헷갈리기 시작해 이해력이 떨어져 점차 수업을 따라가기 어려워지고, 집중도가 낮아지는 악순환에 빠지게 됩니다. 당장은 시간이 걸리더라도, 기본적인 용어들의 정의나 개념은 즉시 답이 나올 때까지 숙달시켜야 합니다.

4) 학생들은 생각보다 여러 번 이야기해야 한다.

한 번에 모든 내용을 이해하는 학생은 드뭅니다. 아니 거의 없다고 보아야 합니다. 사람의 기억력은 한 번 학습하여 머리에 들어온 것도 시간이 지나가면 차츰 잊기 마련이기 때문입니다. 학습의 주된 원칙은 여러 번의 복습입니다. 정말 중요한 내용이라면 여러 번 반복해서 알려 주되, 똑같은 패턴으로만 이야기한다면 학생들도 지루해하기 쉬우므로 조금 다른 관점에서, 다른 방향으로 반복하여 이야기해 줍니다.

5) 성적은 마냥 오르지만은 않는다.

학생들의 이해를 높이기 위해 성실히 수업하고, 반복 학습을 시키면 분명히 성적은 오릅니다. 하지만 성적은 등차수열처럼 50점, 60점, 70점 이렇게 정직하게 오르지는 않습니다. 50점이었다가 65점이 되고 다음 시험에는 60점으로 떨어졌다가 70점으로 오르는 양상이 제일 흔합니다. 성실히 공부하여 성적이 오르는 추세였던 학생이 잠깐 주춤하여 성적이 떨어졌다고 원장님이 조바심을 내고 불안해하면 안 됩니다. 제일 불안한 건 학생입니다. 이 점을 유념하여 중심을 잡아 주세요.

"성적이 오르다가 이번에 조금 떨어졌다고 해서 너무 낙심할 필요는 없단다. 너는 지금 충분히 잘하고 있어, 괜찮아. 분명히 우상향 그래프를 그리고 있으니 걱정하지 말렴."

이와 같이 다독이고 이끌어 주면 학생은 반드시 원하는 결과에 도달할 수 있을 것입니다.

성적 향상의 이상과 현실

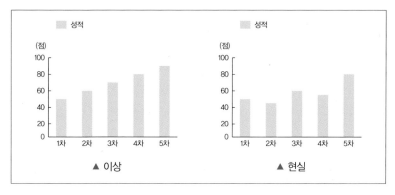

4

대형 학원을 이기는
동네 학원의 내신 준비

1) 기출문제 및 교재 분석

"선생님, 내신 기출 준비는 어떻게 해 주시나요?"

정기고사(내신)가 있는 중·고등부를 준비하고 있는 원장님이라면 앞으로
수도 없이 듣게 될 질문일 것입니다. 어떤 시험을 준비함에 있어 가장 중요
한 것은 그 학교 기출문제이기 때문입니다.

기출문제는 문항 수, 문항 유형, 문항 구성 난이도 등 시험에 대한 여러 정
보를 한꺼번에 확인할 수 있는 매우 귀중한 자료입니다. 이런 자료를 제대
로 분석하지 못했다거나 준비가 되어 있지 않다는 뉘앙스를 풍기면, '이 학
원은 정보가 별로 없는 곳이구나.'라는 인식이 박힐 수밖에 없습니다. 이번
장에서는 대형 학원 부럽지 않은 내신 준비를 하는 방법을 알아보겠습니다.

자, 학교 내신 시험 문제는 누가 출제하는 것일까요? 맞습니다. 각 학교의 선생님들이 직접 출제합니다. 그런데 선생님들도 완전한 무(無)에서 시험 문제를 만드는 것이 아니라 기존의 학교 기출문제를 참고하여 출제합니다. 매년 같은 문제를 반복해서 내는 것을 피하려는 의도도 있지만 그보다 더 큰 것은 우리 학교의 평균적인 문항 수와 구성, 난이도를 파악하여 조절하기 위함입니다.

모의고사나 수능과 달리 내신 시험은 한두 명의 출제자가 일 년 동안 네 번의 시험 문제를 출제해야 하므로 모든 문항을 새로운 유형으로 만들어 낼 수는 없습니다. 그렇기 때문에 어딘가의 문제들을 그대로 혹은 조금 변형하여 출제하는 경우가 많은데, 학교 혹은 선생님에 따라 선호하는 출처가 분명히 존재합니다.

원장님이 가장 우선적으로 관심을 가져야 하는 것은 학교 교과서 혹은 부교재나 프린트물입니다. 학교 교과서와 부교재에서 주로 출제가 되는 학교는 다른 문제집을 가르칠 것 없이 학교 교과서와 부교재만 철저히 연습시키는 방향으로 지도하면 좋은 결과를 낼 수 있습니다.

여기서 잠깐! 학교 부교재는 어디서 확인할까요?

> 정보를 원하는 학교의 학생이 아직 학원에 다니지 않는다면 부교재를 확인하는 데 난감할 수 있습니다. 하지만 걱정 말고 해당 학교 근처에 있는 서점이나 우리 동네에 있는 가장 큰 서점(문제집을 주로 파는 대형 서점)을 들러 보세요. 각 학교의 과목별·학년별 부교재가 가장 빨리 업데이트되어 진열되는 곳입니다.

학교 교과서를 구매하고 싶다면?

학생들을 통해 각 학교에서 사용하는 교과서의 출판사를 확인하거나 각 학교의 홈페이지에서 출판사 목록을 확인한 뒤, '사단 법인 한국 교과서 협회[14]'에서 운영하는 온라인 사이트를 통해 각 교과서를 구입할 수 있습니다.

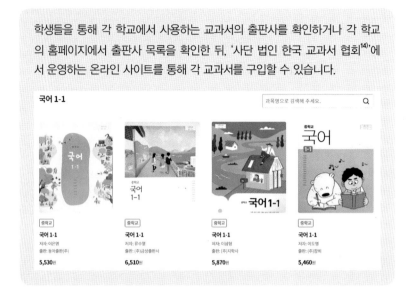

학교에 따라 특정 문제집을 애용하는 경우도 있습니다. 특히, 킬러 문제는 자체 제작 난이도가 높아서 심화 문제집이라고 불리는 몇몇 문제집을 참고하는 학교도 더러 있으니 최근 2~3년치 기출문제를 펴 놓고 과목별 인지도 높은 심화 문제집과 유형을 비교해 보세요.

모든 학생들이 심화 문제집을 반드시 풀어야 하는 것은 아닙니다.

어떤 학생에게는 계산력을 강화시키는 문제집이 더 필요하기도 하고, 또 어떤 학생에게는 비슷한 유형을 반복해서 연습할 수 있는 문제집이 더 필요할 수 있습니다. 하지만 학부모님과의 상담이나 커리큘럼 구성, 학생의

----

14) 사이트 주소: https://www.ktbookmall.com/

동기 부여 등을 위해서라도 원장님은 반드시 심화 문제집 2~3개 정도는 분석해 두는 것이 좋습니다.

선배 수학 원장님들이 추천하는 학년별 심화 문제집

초등부 수학 심화 문제집 예시				
최상위 수학	최고수준	TOT	에이급	3% 올림피아드

중등부 수학 심화 문제집 예시				
일품	블랙라벨	에이급 수학	고쟁이	최고수준

고등부 수학 심화 문제집 예시				
일품	블랙라벨	Hi High	플래티넘	일등급 수학

단, 영어는 수학과 조금 다릅니다. 초등학교 단원 평가와 중학교 내신 시험은 대부분 학교 교과서 지문과 문제를 기준으로 하여 변형 문제로 제작되기 때문에 심화 문제집을 바탕으로 킬러 문제를 분석하는 것은 옳은 방향이 아닐 수 있습니다. 고등학교 영어 내신 시험은 교과서 변형 문제, 모의고사 기출문제 등은 물론이고 학교마다 다른 부교재에서도 지문을 발췌하기 때문에 특히 주의가 필요합니다.

영어 자료를 찾을 때 도움이 되는 사이트

- 이그잼포유 https://www.exam4you.com/
- 족보닷컴 https://www.zocbo.com/
- 아잉카 http://ourenglishcafeacademy.com/

간혹 통 암기식 공부법을 선택하는 원장님이 있습니다. 하지만 고등학교까지 염두에 둔다면 통 암기식 영어 공부법은 지양할 필요가 있습니다. 고등학교에서부터는 시험 범위 밖에서 지문과 어휘가 등장하는 일이 빈번하므로 중학교 때까지 교과서를 외우는 식으로만 공부를 한 학생은 적응이 어렵기 때문입니다. 단, 문장의 구조, 지문의 흐름을 파악하여 평소에 공부를 하다가 시험 기간 때 완벽을 기하기 위해 교과서의 일부를 암기하는 것이라면 큰 문제가 없습니다.

초등부 영어 단원평가 참고 문제집 예시	
문법	독해
그래머 멘토 조이	EBS랑 홈스쿨 초등 영독해
원 포인트 그래머	Bricks Reading
초등영문법 3800제	왓츠 리딩
문법이 쓰기다	미국교과서 읽는 리딩

중등부 영어 시험 참고 문제집 예시	
문법	독해 / 내신
천일문 그래머	Junior Reading Tutor
그래머 인사이드	문법별로 정리한 중등 영어독해 101
중학 영문법 3800제	Fundamental Reading
기출로 적중 해커스 중학영문법	내신 콘서트 백점 프로젝트

고등부 영어 시험 참고 문제집 예시	
문법	독해 / 내신
어법 끝	자이스토리
올클 수능 어법	올림포스 전국연합 학력평가 기출문제집
진짜 잘 이해되는 비교 영문법	리딩튜터 수능플러스
기출로 적중 해커스 고등영문법	백발백중

각 학교의 기출문제는 해당 학교 학생을 통해 입수하거나 족보닷컴 등의 기출문제 데이터베이스 사이트를 통해 확인한 뒤 원장님이 직접 기출문제를 하나하나 풀어 봐야 합니다. 눈으로만 풀어 보는 것이 아닌 시간을 재고 실제로 손으로 풀어 보며 학생들 입장에서 문제의 난이도를 체감해 보세요. 이후에 시험의 전반적인 난이도를 파악해 보고, 문제들의 배열은 어떤 난이도 순으로 되어 있는지, 전체 문항 수는 보통 몇 문제 정도 나오는지를 파악해야 합니다.

예를 들어 총 문항 수가 23개인 학교가 있다면 난이도별(상중하) 문항 수, 객관식과 서술형의 비율 등은 외우고 있어야 합니다. 공립학교의 경우 학교 선생님들이 정해진 기간이 지나면 전근을 가기 때문에 몇 년의 주기로 시험의 구성이 바뀌는 경우가 있지만, 사립학교의 경우 다른 학교로의 전근이 흔치 않기 때문에 같은 구성의 시험이 계속 반복되는 편입니다. 이렇듯 각 학교별 시험의 구성을 파악했다면 학생들에게 다음과 같이 조언을 줄 수 있습니다.

"너희 학교는 객관식 문제가 21개이고 서술형 문제가 4개인데, 객관식 1번부터 15번까지는 조금 수월하지만 16번부터 21번까지는 매우 까다로운 문제로 구성되어 있고, 서술형 문제는 조금 쉬운 편이야. 그러니 너무 정직하게 1번부터 21번까지 풀지 말고, 1번부터 15번까지 풀고, 조금 쉬운 서술형부터 해결하도록 하자. 그러면 시간 부족으로 쉬운 문제를 놓치는 불상사는 생기지 않을 거야."

이와 같이 시험 전략의 큰 틀을 제시한 뒤 본격적인 내신 대비에 들어간다면 학생들의 신뢰를 등에 업고 보다 수월하게 수업을 진행할 수 있을 것입니다.

기출문제 분석 과정

순서	내용	비고
1	주력 학교의 기출문제를 확보한다.	• 인근 비슷한 난이도의 학교 기출문제를 활용한다. • 족보닷컴을 활용한다.
2	시험 문제를 직접 풀어 본다.	시간을 재고 풀면서 학생들이 몇 번에서부터 어려움을 느낄지 확인한다.
3	문항별 난이도를 체크한다. (상중하)	난이도 체크 전, 상중하의 기준을 바로 세운다.
4	• 고등학교의 경우 부교재 연계율을 확인한다. • 중학교의 경우 교과서 연계율을 확인한다.	
5	킬러 문제(상 난도)는 심화 문제집과의 유사율을 확인한다.	상위권 학생들의 학습 기준점이 된다.
6	분석 내용을 토대로 문서화한다.	해당 문서는 상담 등 참고 자료로 사용한다.
7	가능하다면 시험지를 새로 타이핑하여 바로 테스트할 수 있는 자료로 만들어 둔다.	자료는 학원의 힘이다!

실제 내신 기출 분석 예시 – 영어

20○○학년도 1학기 중간고사 시험 분석지

분석: ○○ 학원 ○○○ 강사

○○ 고등학교 2학년
시험 범위: 교과서 1~2과, 3월 전국 모의고사, 자이스토리(부교재)

번호	배점	범위	유형	번호	배점	범위	유형
1	2.8	모의고사	지칭	21	3.3	자이스토리	빈칸
2	2.8	모의고사	내용 일치	22	3.3	자이스토리	빈칸
3	2.8	모의고사	내용 일치	23	3.3	자이스토리	빈칸
4	2.8	모의고사	주제	24	2.9	자이스토리	내용 요약
5	2.8	모의고사	제목	25	2.9	자이스토리	내용 요약
6	2.9	자이스토리	어법	26	3.0	자이스토리	함축 의미
7	2.8	자이스토리	어법	27	2.9	자이스토리	글의 순서
8	2.8	자이스토리	어법	28	2.9	자이스토리	글의 순서
9	2.8	자이스토리	어법	29	2.8	자이스토리	흐름과 관계 없는 것
10	2.9	자이스토리	글의 흐름	30	2.8	자이스토리	낱말의 쓰임
11	2.9	자이스토리	글의 흐름	31	3.1	교과서1과	함축 의미
12	2.9	자이스토리	글의 흐름	32	2.9	교과서1과	순서
13	2.9	자이스토리	글의 흐름	33	3.3	자이스토리	어법
14	2.9	자이스토리	낱말의 쓰임	34	2.8	자이스토리	내용 일치
15	2.9	자이스토리	낱말 선택				
16	2.9	자이스토리	낱말 선택				
17	2.9	자이스토리	낱말 선택				
18	2.8	자이스토리	빈칸				
19	3.2	자이스토리	빈칸				
20	3.3	자이스토리	빈칸	합계 100점			

실제 내신 기출 분석 예시 – 수학

20○○학년도 2학기 기말고사 시험 분석지

분석: ○○ 학원 ○○○ 강사

○○ 고등학교 1학년
시험 범위: 유리함수~순열과 조합

번호	단원	유형	난이도
객관식			
1	조합	조합의 계산	하
2	조합	대각선의 개수 구하기	하
3	경우의 수	합의 법칙	하
4	순열	이웃하지 않는 수열의 수	중
5	조합	함수의 개수 구하기	중
6	무리식과 무리함수	분모의 유리화	중
7	유리식과 유리함수	유리함수 그래프의 평행이동	상
8	무리식과 무리함수	무리함수의 정의역, 치역 구하기	중
9	유리식과 유리함수	유리함수의 최대최소	중
10	무리식과 무리함수	무리함수 그래프의 성질	중
11	유리식과 유리함수	유리함수의 활용	상
12	무리식과 무리함수	무리함수의 위치 관계	상
13	조합	조합의 수	중
14	조합	분할	최상
주관식			
15	유리식과 무리함수	유리함수의 합성	중
16	유리식과 유리함수	유리함수의 역함수	상
17	조합	조합의 수	상
18	유리식과 유리함수	무리함수의 활용	중
19	순열	순열의 수	중
20	조합	분할	최상

* **의견:** 평년과 비슷한 난도를 유지했으나 특히 순열과 조합에서 어려운 문제가 많이 출제됨. 배점이 높은 주관식의 난도가 높아서 중위권 이하 학생들이 어려움을 겪었음. 2년째 서술형 문제의 난도가 상당히 높으므로 해당 학교 학생들은 서술형 문제 대비를 더욱 철저히 해야 할 것으로 사료됨.

2) 수행평가 준비 노하우

> 지필고사를 잘 쳐서 좋은 성적을 받을 수 있을 거라고 생각했는데 막상 1학기 말에 받아 온 아이의 성취도가 B등급인 거예요. 부모님께서 항의를 하시는데 저도 왜 이런 일이 벌어졌는지 이해가 안 돼서요.

어느 원장님이 SNS로 도움을 요청해 오셨습니다.

초등 전문으로 수업을 하다가 학생들의 요청으로 가르치던 학생들을 데리고 중등까지 쭉 이어서 수업을 했는데, 아뿔싸! 자유학기제가 끝나고 처음 치른 2학년 시험에서 예상치 못한 일이 일어난 것입니다. 분명 중간고사는 95점, 기말고사에선 100점을 받았는데 최종 점수가 86점에 성취도는 B라니요!

대체 왜 이런 일이 벌어졌는지를 이해하기 위해서는 현재 중·고등학교 시험의 특징을 알아야 합니다. 지금은 '과정 중심 평가[15]'가 극대화되고 있는 시기입니다. 자연스럽게 지필고사보다 학생들의 학습 과정 및 사고의 흐름을 확인할 수 있는 과정형 평가의 중요도가 높아지고 있습니다. 쉽게 말해 수행평가 비율이 갈수록 높아지고 있다는 것이지요.

---

15) 교육과정 성취기준에 기반한 평가계획에 따라 교수학습 과정에서 학생의 변화와 성장에 대한 자료를 다각도로 수집하여 적절한 피드백을 제공하는 평가

중학교 이상 학생들의 성적표는 학기 단위로 나옵니다. 즉, 2학년 1학기 성적은 중간고사와 기말고사에 수행평가 2~3가지를 합쳐서 결정되는 식입니다. 그런데 아래의 예시 자료에서 볼 수 있듯이 지필고사보다 수행평가 비율이 높은 학교라면 제아무리 시험을 잘 쳐도 수행평가 결과가 좋지 않다면 최종 1학기 성적은 나쁠 수밖에 없어요.

평가 종류	지필고사				수행평가		
반영 비율	40%				60%		
영역(횟수)	1차		2차		분모의 유리화	이차방정식의 풀이	수학 용어 사전 만들기
방법	선택형	논술형	선택형	논술형	논술형평가	논술형평가	논술형평가
만점 (반영 비율)	100 (20%)	–	100 (20%)	–	20 (20%)	20 (20%)	20 (20%)
논술형평가 반영 비율	–		–		20%	20%	20%

▲ 서울 A 중학교, 수행평가 비율이 60%로 지필고사보다 중요도가 더 큼

앞에서 언급한 당황스러운 일을 겪었던 원장님의 상황으로 다시 돌아가 볼까요? 문제가 된 학생의 성적을 좀 더 자세히 알아보겠습니다.

평가 유형	중간고사	기말고사	수행평가 1	수행평가 2	수행평가 3
반영 비율	20%	20%	20%	20%	20%
학생의 점수	95점/100점	100점/100점	15점/20점	15점/20점	17점/20점
환산 점수	19점	20점	15점	15점	17점
총점	86점 = B등급				

해당 학생은 1차 수행평가였던 '제시된 문제의 변형 문제를 만들고 풀이 과정을 작성하라.'에서 주어진 조건을 제대로 활용하지 않았고, 서술 과정에서도 생략이 많아 감점을 당해 20점 만점에 15점을 받았습니다. 2차 수행평가였던 '논술형 문제 풀이와 발표'에서는 긴장한 나머지 아는 문제임에도 실수를 두 번 했고, 마지막인 3차 수행평가였던 '수학 관련 책을 읽고 독후감 쓰기'는 분량을 지키지 못해 3점을 감점당했어요.

'시험만 잘 치면 되는 거지, 수행평가 같은 건 대충해도 괜찮아.'라는 인식이 있었던 탓에 수행평가에 임하는 태도가 조금은 불성실했던 것입니다.

중학교 공식 성적 체계는?

> 중학교는 5등급 절대평가를 사용합니다. 꼬리표 등으로 전교 등수를 알려 주는 학교도 있지만 이는 학생부에 기록되는 공식 성적은 아닙니다.
> 90점 이상은 A, 80점 이상은 B, 70점 이상은 C, 60점 이상은 D, 60점 미만은 E등급을 받습니다.
> 단, 음악, 미술, 체육은 80점 이상 A, 60점 이상 B, 60점 미만 C로 성적 체계가 다르니 주의하세요.

드디어 이 학생이 왜 '100점을 받고도 B를 받아야 했는지'를 깨달은 원장님은 이제부터라도 수행평가 준비를 철저하게 시키겠다고 했습니다. 하지만 한편으로는 요즘 학교에서 출제되는 수행평가는 어떤 식인지 감을 잡기가 어렵다고 털어놓았습니다.

수행평가 대비는 지필고사와는 접근 방법이 달라야 합니다. 수학과 영어의 대표적인 수행평가를 선배 원장님들은 어떻게 가르치고 있는지 확인해 봅시다.

● 수학 수행평가 준비법

중 · 고등학교에서 자주 출제되는 수학 수행평가는 크게 세 가지로 나눌 수 있습니다.

첫 번째는 서 · 논술형 문제를 제시하여 정답뿐만 아니라 풀이 과정을 확인하는 방식입니다. 풀이 과정의 논리적 오류가 없으며 수학적 사고 과정이 올바른지 확인하는 것이니 학생들을 지도할 때 원장님들의 부담감은 크지 않습니다.

두 번째는 수학을 실생활에 사용하거나 친숙하게 느끼기 위한 과제를 내어 주는 방식입니다. 두 번째 과제를 위해서는 주로 수학과 관련된 책을 읽고 '수학 독후감'을 쓰거나 실생활에서 수학이 필요했던 순간을 기록한 '수학 일기 쓰기' 등이 있습니다. 이런 과제는 제시된 양식에 맞게 작성하면 되는 것으로, 제시된 채점 기준에 맞도록 차근차근 준비한다면 감점되지 않으며 크게 어려울 것은 없습니다.

세 번째는 창의적 문제 해결력을 기르기 위한 과제를 내는 경우입니다. 즉, 학생들에게 새로운 형태의 문제와 해설을 만들게 하는 방식입니다. 단순히 서술형 문제를 푸는 것에서 그치지 않고 문제를 직접 만드는 수행평가를 막연해하는 학생들은 매우 많습니다. 따라서 변형 문제를 만들 때의 과정에 대해 미리 숙지해 놓아야 질문을 받았을 때 허둥대지 않을 수 있습니다.

[참고] 창의적 문제해결력을 기르기 위한 수행평가 예시

주어진 문제에 사용된 개념을 사용하여 (1)새로운 문제를 만들고 (2)풀이 과정을 서술하라.

〈주어진 문제〉

우리 학교 수학 동아리 학생 5명의 수학 쪽지 시험 점수를 확인했다. 남학생 3명의 평균은 3점이고 분산은 6이었으며, 여학생 2명의 평균은 4점이고 분산은 1이었다. 이때, 동아리 학생 5명의 수학 쪽지 시험의 평균 점수와 분산은 얼마인가?

〈원장님의 조언〉

1. 쌍둥이 문제를 만드는 것이 아니라 문제에 사용된 개념을 사용한 새로운 문제를 만드는 것으로 단순히 숫자만 바꾸는 것이 아님을 주지시킨다.
2. 문제를 만들기 전, 예시 문항에 사용된 개념의 정의를 다시 한 번 학습시킨다.
3. 문제와 해설을 만드는 데 있어 수학적으로 논리에 어긋나지 않고 반드시 답이 도출될 수 있는지 확인한다.

〈실제 수행평가 작성 내용〉

1. 새로운 문제 만들기

5개의 변량 x_1, x_2, x_3, x_4, x_5에 대하여 평균은 5이고, 분산 20이다. 이때 $2x_1^2$, $2x_2^2$, $2x_3^2$, $2x_4^2$, $2x_5^2$의 평균을 구하시오.

2. 풀이 과정 서술

평균의 정의에 의해

$\dfrac{x_1+x_2+x_3+x_4+x_5}{5}=15$이므로 $x_1+x_2+x_3+x_4+x_5=75$

분산의 정의에 의해

$\dfrac{(x_1-15)^2+(x_2-15)^2+(x_3-15)^2+(x_4-15)^2+(x_5-15)^2}{5}=20$에서

$\dfrac{x_1^2+x_2^2+x_3^2+x_4^2+x_5^2}{5}-\dfrac{30(x_1+x_2+x_3+x_4+x_5)}{5}+\dfrac{5\times15^2}{5}$

$=\dfrac{x_1^2+x_2^2+x_3^2+x_4^2+x_5^2}{5}-450+225=20$

이므로

$\dfrac{x_1^2+x_2^2+x_3^2+x_4^2+x_5^2}{5}=245$이다.

따라서 $2x_1^2,\ 2x_2^2,\ 2x_3^2,\ 2x_4^2,\ 2x_5^2$의 평균은

$\dfrac{2x_1^2+2x_2^2+2x_3^2+2x_4^2+2x_5^2}{5}=490$

● **영어 수행평가 준비법**

영어 수행평가는 주로 말하기와 쓰기가 많습니다. 심지어 말하기와 쓰기를 합친 '프레젠테이션 기반 발표하기'도 점점 늘어나는 추세입니다. 문제는 수행평가가 대부분 학교 일과 시간에 치러진다는 점입니다. 외부 개입을 막기 위해서이지요. 하지만 수행평가는 학기 초에 미리 공지가 되기 때문에 해당 학기에 치러질 수행평가의 종류가 읽기/말하기/듣기/복합형 중어느 것에 해당되는지 확인하고, 평소 수업 시간에 연습을 시켜야 합니다.

대다수 학생들이 가장 어려워하는 것이면서 선생님도 봐주는 데 시간이 가장 많이 걸리는 것은 역시 쓰기(또는 쓰기 복합형)입니다.

평소 서론, 본론, 결론이 포함된 3단계 작문 연습을 틈틈이 하면서 실력을 올려야 하는데, 이때 각 단계에서 필수적으로 신경 써야 할 것은 다음과 같습니다.

서론: 주제를 2형식 또는 3형식 문장이 되도록 짧고 간략하게 표현합니다.
본론: 주제를 뒷받침하는 근거를 들고 필요하다면 예시를 사용합니다.
결론: 주제를 반복하여 강조하되 같은 뜻의 다른 문장을 사용합니다.

유학파가 아니라서 첨삭을 할 때 걱정이 된다고요? 괜찮습니다. 이럴 때, 인공지능을 사용해 보세요. ChatGPT 등의 인공지능은 특히 영어 문장의 오류를 바로잡는 데 효과적이고 강력한 도구가 됩니다.

I am in the second grade, class 3. What do you usually does on your free time? I mostly read feshion magazines, so as Vogue, Harper's Bazaar, Elle, and GQ. I thing the variety of colors and desiigns in these maeazines are too appealing.

위의 글 문법이랑 철자 고쳐줘

"I am in the second grade, Class 3. What do you usually do in your free time? I mostly read fashion magazines, such as Vogue, Harper's Bazaar, Elle, and GQ. I think the variety of colors and designs in these magazines is too appealing."

쓰기만큼 자주 활용되는 수행평가는 말하기입니다. 먼저 글을 작성한 뒤 대본을 외워 발표를 하는 식의 말하기도 있고, 친구와 짝이 되어 말을 주고받는 형식의 말하기도 있습니다. 이때 대부분의 학교는 '1분 30초', '2분'과 같이 정확한 시간을 지정합니다. 하지만 학생들마다 말의 빠르기가 다르기 때문에 타이머를 활용하여 실전 연습을 반복해야 합니다. 이때 문법과 어법은 당연히 틀려서는 안 되겠지요?

또, 말하기를 할 때 발음을 걱정하는 학생들이 있습니다. 하지만 이 점은 너무 걱정하지 않아도 됩니다. '발음이 얼마나 원어민과 같은가?'와 같은 것은 채점 항목에 대부분 포함되지 않습니다. 다만, 제멋대로 발음하는 것은 막아야 하기 때문에 잘 모르는 단어를 사용할 때는 꼭 발음 기호를 확인하거나 선생님에게 반드시 확인받을 수 있도록 지도하세요.

영어 선생님들에게 도움이 되는 사이트

- DeepL(인공지능 번역 사이트) https://www.deepl.com/ko/translator
- ChatGPT(문법 및 철자 검수) https://chat.openai.com
- 구글바드(번역) https://bard.google.com

[참고] 수행평가 대비: 예상 문제 제작 및 수업 진행

<〈영어〉 중학교 쓰기/말하기 복합형 수행평가 연습>

1. 주제: 좋아하는 음악 또는 가수를 소개하기

2. 진행 단계: 채점 기준에 맞추어 아래에 영어로 원고를 작성한 뒤, 번호순으로 발표한다. (단, 발표 시 원고를 보고 읽을 수 있다.)

3. 채점 기준

채점 기준	배점	평가 세부 내용
원고 분량	5점	• 10문장 이상을 사용할 것 • 시간을 지켜 발표할 것(1분 이상~1분 30초 미만)
필수 포함 내용	15점	• 좋아하는 노래(가수)를 소개할 것(1문장 이상) • 좋아하는 이유를 2가지 이상 설명할 것(총 4문장 이상) • 나에게 끼친 영향을 1가지 이상 설명할 것(1문장 이상)
말하기 유창성	5점	중도 포기하지 않고 끝까지 발표할 것
어휘와 문법의 정확성	5점	적절한 어휘와 문법을 사용하여 원고를 작성할 것

제목:

_____

_____

_____

_____

_____

_____

_____

_____

_____

_____

〈수학〉 고등학교 문제 만들기 복합형 수행평가 연습

※ 채점 기준에 맞추어 문제를 제작하고 모범 풀이 및 답안을 제시한다.

채점 기준	배점	평가 세부 내용
출제 의도	5점	• 출제 의도가 문제 및 해설에서 드러났는가? • 난이도를 적절하게 조절했는가? • 의도한 단원에 맞도록 출제했는가?
필수 포함 내용	15점	• 문제는 명확하게 제시한다. • 풀이는 논리적으로 단계별로 제시한다. • 교과 과정을 벗어나지 않도록 한다.

> 출제 의도

단원:
난이도:
출제 의도:

> 문제 제시

> 모범 풀이

교과서의 내용을 베낀 것이 확인되면 0점 처리함.

5

슬기로운 보충 학습

소풍, 체육대회, 학교 축제, 현장 학습뿐만 아니라 코로나19 이후 전염병에 대한 경각심이 높아지면서 독감과 같은 유행성 질병에 걸린 학생들은 학원에 결석하는 것을 당연하게 생각하게 되었습니다.

막을 수는 없는 일입니다. 학교의 일정이나 건강의 문제보다 학원 수업을 더 우위에 놓을 수는 없으니까요. 대다수의 원장님들은 이렇듯 부득이한 이유로 결석을 하게 된 학생을 위해 보충 학습을 실시합니다. 학습의 연속성을 지켜야 수업의 효과가 높아지기도 하고, 진도 문제도 있기 때문에 따로 원장님의 쉬는 시간을 포기하기도 합니다. 하지만 문제는 이런 원장님의 호의를 악용하는 학생들이 간혹 있다는 것입니다.

'오늘 피곤한데 그냥 결석할까? 나중에 보충해 달라고 하지, 뭐.'
'게임 더 하고 싶은데 곧 학원 갈 시간이잖아? 그냥 아프다고 해야겠다.'

어떤 영화의 대사처럼 '호의가 계속되니 권리'가 된 셈입니다. 그러나 원장님이 이런 학생들의 '가짜 질병'과 '진짜 질병'을 솎아 내기란 요원한 일입니다. 학교에서처럼 진단서를 제출하라고 했다간 오히려 '원장님이 나를 의심한다.'며 역풍을 맞기 좋은 건수가 될 뿐이지요. 그러니 많은 원장님들은 울며 겨자 먹기로 뻔히 보이는 거짓말에도 넘어갈 수밖에 없습니다.

"월드컵이나 올림픽 시즌만 되면 환자가 속출한다니까요."

어떤 원장님의 말입니다. 누군가에게는 축제의 장인 시기가 학원가에는 보충 학습의 계절이 됩니다. 그렇다면 어떻게 해야 이 악순환의 고리를 끊을 수 있을까요?

이때 가장 먼저 해야 하는 것은 바로 보충 학습의 원칙을 세우는 일입니다. 새로 등록한 학생이라면 수강료나 교재 등의 여러 안내문이 나갈 때, 서면으로 보충 학습에 대한 원칙도 함께 배부하는 것이 좋습니다. 이미 서면 고지가 되었을 경우 불만이나 서운함은 절반 아래로 떨어지기 때문입니다. 하지만 보충 학습의 악용을 막기 위한 가장 좋은 방법은 '보충 학습은 학생에게 득이 되지 않는다.'라는 것을 보여 주는 일입니다.

예를 들어 1회 90분 수업에 결석을 했다면 보충 학습은 40분 정도로만 이루어지고 나머지는 숙제로 대체된다거나 다른 학생들과 같이 보충 학습을 진행할 수 있으므로 1 : 1 과외처럼 이용할 수 없다는 것을 은유적으로 안내한다면 보충 학습으로 인한 스트레스를 줄일 수 있습니다.

보충 학습의 원칙 안내 예시

> • ○○ 공부방의 보충 학습은 목요일 3시~5시 사이에 이루어집니다. 상황에 따라 다른 학생들과 같이 보충 학습이 이루어질 수 있습니다.
> • ○○ 교습소는 당일 결석 통보 시 보충 학습은 숙제로 대체합니다. 단, 사고 등 부득이한 경우는 예외로 합니다.
> • ○○ 학원의 보충 학습은 한 달에 1회로 제한됩니다. 선생님들의 수업 연구 시간 확보를 위함이니 양해해 주시면 감사하겠습니다.

● 코칭식 수업의 보충 학습

코칭식 수업이란 같은 반 학생이라고 하더라도 모두 개별 진도를 나가는 방식의 수업을 말합니다. 코칭식 수업은 보충 학습을 하는 것이 상대적으로 까다롭지 않습니다. 결석을 하더라도 다른 시간에 등원을 하게 하면 되기 때문에 원장님의 시간은 더 뺏기지 않습니다. 하지만 코칭식 수업을 하는 원장님 중에는 이런 고민을 가진 분들이 많습니다.

"다른 시간에 등원을 해도 아무런 문제가 없으니 수업 시간을 자기 마음대로 바꾸려고 하는 아이들이 생겨요."

아무리 개별 진도 수업이라고 하지만 숙제 관리, 테스트, 단체 이론 수업 등이 유연하게 적용될 수밖에 없는 것이 수업입니다. 그런데 "어차피 개별 수업이잖아요."라는 말로 자신이 편한 시간에 아무 때나 등원하여 수업을 듣는 학생들이 많아지면 원장님이 생각했던 시간표는 엉망이 되기 시작하는 것입니다.

시간표대로였다면 한 반에 한 번씩만 다 함께 설명하고 넘어갔어도 되는 이론 수업을 여러 번 하다 보면 결국 한 학생당 신경을 써 줄 수 있는 시간이 줄어들 수밖에 없습니다. 이것은 곧 수업의 질 저하로 이어지게 되지요.

숙제 관리도 마찬가지입니다. 원장님이 숙제를 내어 줄 때는 다음 등원 기간까지의 남은 날짜를 고려하여 양을 정하곤 하는데, 시간표를 멋대로 바꿔서 너무 빨리 오거나 너무 늦게 온다면 당연히 예상했던 만큼의 학습 효율이 나오지 않습니다. 그러므로 코칭식 수업이라고 하더라도 보충 학습의 경우 시간표 결정 권리를 학생이나 학부모님에게 주어서는 안 됩니다.
숙제가 마무리 된 시간, 다른 반 학생들의 정원, 다음 수업까지 복습할 여유 시간 등을 고려하여 보충 학습을 제시하고, 제시한 시간대 안에서 결정할 수 있도록 안내해 주세요.

코칭식 수업의 보충 학습 시간을 정하는 방법

- 그럼 언제 올 수 있니? (×)
- 그럼 목요일 2~4시, 금요일 4~6시 사이 중에 시간을 골라 보렴. (○)

● 판서식 수업의 보충 학습

판서식 수업의 보충 학습은 코칭식 수업에 비해서 조금 까다로운 편입니다. 만약 같은 학년, 같은 진도를 나가는 반이 2개 이상 있다면 다른 반의 학생들에게 양해를 구한 뒤 수업에 참여시킬 수도 있겠지만 공부방이나 교습소, 소형 학원은 반 구성이 제한적이므로 여의치 않을 때가 많을 수밖에 없습니다.

판서식 수업의 경우 보충 학습이란 원장님의 여유 시간을 빼서 보충을 진행해야 하기 때문에 주로 등원 시간을 앞으로 당기거나 주말이나 공휴일을 이용하곤 합니다. 도저히 시간이 나오지 않을 때는 수강료 납입일을 뒤로 미루는 방법을 사용하는 원장님들도 계십니다. 하지만 이 경우 학생들의 수업에 공백이 생기기 때문에 원장님과 학부모님이 모두 만족하지 못하게 됩니다. 때문에 판서식 수업을 하는 원장님은 보충 학습을 위한 여유 시간을 일주일에 한 타임이라도 비워 놓는 것이 좋습니다.

그리고 결석 시 보충은 이 시간밖에 할 수 없음을 고지해야 휴일을 뺏기지 않고 장기간 스트레스 없이 학원 운영을 할 수 있습니다. 그러나 시간표 구성상 도저히 여유 시간이 나오지 않는다면 다른 방법이 하나 있습니다. 바로 온라인 강의를 활용하는 일입니다.

코로나19 이후 온라인 수업에 대한 접근은 학생들에겐 일상이 되었습니다. 따라서 수업을 녹화하거나 꼭 필요한 이론 부분을 따로 녹화한 동영상을 온라인 사이트에 게시하여 시청할 수 있도록 합니다. 이때 녹화한 동영상을 학생에게 직접 전달할 경우 유포될 위험이 있을 수 있으니 주의해야 합니다.

온라인 강의 시청 후 학생이 등원하였을 때 문제 풀이나 테스트 정도만 실시한다면 보충 학습 때문에 많은 시간을 뺏기지 않아도 되고, 보충 학습을 악용하는 문제도 자연스럽게 해결이 됩니다.

녹화 영상을 올릴 우리 학원 사이트 만들기[16]

6

성적과 학부모님을 동시에
사수하는 숙제 관리

숙제는 학생들의 학습 훈련입니다. 하지만 숙제를 관리함에 있어 많은 원장님이 어려움을 토로하고 있습니다. 숙제 관리만 잘해도 학부모님은 아이가 제대로 관리되고 있는 느낌을 받습니다. 더불어 학습 훈련이 제대로 되고 있는 것이므로 학생들의 성적 향상은 당연한 결과입니다.

숙제 관리를 잘한다는 건 어떻게 하는 것일까요?

1) 다양한 숙제 검사 방법

숙제를 검사하는 방법은 여러 가지가 있습니다.

첫 번째는 숙제를 내어 주는 교재를 두 가지로 선정하여 번갈아 가며 숙제를 내는 방법입니다. 원장님이 수업 시간이 아닌 별도의 시간에 채점을 하거나 학생의 숙제 완성도를 꼼꼼하게 체크할 수 있습니다. 이는 수업 시간을 소모하지 않는다는 장점과 원장님이 추가로 시간을 써야 한다는 단점이 있습니다.

두 번째는 학생들이 교재를 서로 바꾸어 채점하게 하는 방법입니다. 이는 반별 수업에 해당하는 이야기이며, 개별 코칭식 수업에서는 활용할 수 없습니다. 하지만 학생들이 교재를 서로 바꾸어 채점할 때 다른 학생이 한 숙제를 보며 자기 스스로를 한 번 되돌아볼 수 있는 계기가 되기도 하고, 눈속임 없는 채점이 가능하다는 장점이 있습니다.

세 번째는 학생들이 문제를 풀 때 원장님이 직접 채점하는 방법이 있습니다. 첫 번째 방법과 두 번째 방법의 장점만 모아 놓은 방법입니다. 직접 채점함으로써 학생의 숙제 완성도를 꼼꼼하게 체크할 수 있고, 따로 시간을 뺏기지 않는다는 장점이 있어 개별 코칭식 수업에서 주로 이용하는 방법입니다. 하지만 원장님의 손이 쉴 없이 바쁠 수 있습니다.

2) 숙제를 내는 방법

숙제는 제대로 이루어지는 것이 핵심입니다. 그러기 위해서 원장님은 어떤 것을 준비해야 할까요? 먼저 학생들에게 숙제에 대한 인식을 제대로 심어 주어야 합니다. 수업을 듣는 것은 마트에서 장을 보는 것과 같습니다. 수업에서 배운 내용을 집에 가서 스스로 익히게 한 후, 숙제를 한다는 것은 연습을 의미합니다. 직접 요리해 보는 것과 같지요. 직접 손에 익히는 과정입니다. 이를 학생들에게 반드시 설명해 주고 스스로 할 수 있음을 알려 주어야 합니다.

이때 가장 중요한 것은 적절한 숙제의 양입니다. 숙제가 너무 적으면 집에서의 학습 시간이 짧아지게 되고, 숙제가 너무 많으면 학생들이 부담을 느끼게 됩니다. 학생들이 부담을 느끼게 되면 질적으로 좋은 숙제가 이루어지지 않습니다. 그래서 학생들은 가벼운 양에서부터 점차적으로 늘려가는 것이 좋습니다. 학생이 스스로 할 수 있다는 생각을 가지게 하는 것이 시작이고, 규칙적으로 숙제를 하면서 숙제는 반드시 해야 하는 것이라는 의무감을 가지게끔 발전시키는 점이 중요합니다.

3) 숙제를 위한 도구

흔히 쓰는 도구로 타이머가 있습니다. 숙제할 동안의 시간을 재도록 하면 학생들이 이것을 의식해서 조금 더 집중할 수 있는 힘을 키울 수 있습니다. 그리고 숙제 시간을 타이머로 재는 습관이 생기면 학생 스스로 학습 속도가 어느 정도 되는지 가늠할 수 있습니다.

SNS를 활용하는 방법도 있습니다. 스스로 학습 인증 샷을 남기며 성취감을 유도하는 방법입니다. 이는 학부모님에게도 시각적으로 보여 줄 수 있는 자료가 되어 더욱 도움이 됩니다.

마지막으로 메신저앱을 이용하는 경우입니다. 오픈 채팅방을 이용하여 반 학생들끼리 단톡방을 만들어 숙제를 끝마친 순서대로 이름을 남기게 하면 학생들의 경쟁심이 자극되어 먼저 숙제를 완수하려 하거나 숙제를 반드시 해내야 한다는 압박을 받아 성실도가 올라가는 긍정적 유인을 일으킵니다.

4) 출석부 이름 옆은 숙제 확인칸

지도하는 학생이 많을수록 체크하고 관리하는 것이 힘들어집니다. 그래서 애초에 출석부에 체크를 하는 칸을 한 개 더 만들어 놓습니다. 출석과 숙제를 함께 체크하면 정확하게 관리할 수 있으며, 학생들의 학습 성실도도 확인할 수 있습니다. 학부모님에게도 이를 시각적 자료로 활용하여 학생의 학습 성실도에 대한 피드백을 준다면 불성실한 학생의 부모님은 불만을 갖기 보다는 심각성을 인지하고 원장님의 관리에 신뢰를 가지게 되는 계기가 되기도 합니다.

출석부 숙제 체크 예시

기본반	9월															
	1		2		3		4		5		6		7		8	
학생 A	○	×	○	○	○	○	○	○	○	×	○	○	○	○	○	○
학생 B	○	○	○	○	○	○	○	○	○	○	○	○	○	○	○	○
학생 C	○	○	○	○	○	○	×	○	○	○	○	○	○	○	×	×
학생 D	○	○	○	○	○	○	○	○	○	○	○	○	○	○	○	○

5) 숙제에 대한 보상과 벌

많은 원장님이 이용하는 방법은 상벌 제도입니다. 숙제는 기본으로 해 오는 것이기 때문에 학생들에게 지속적인 보상을 주기 좋은 방법입니다. 보상을 받기 어렵다고 생각하면 학생들은 금방 포기해 버리기 때문에 숙제만 해 와도 받을 수 있는 보상이라는 설명이 중요합니다. 그리고 숙제를 해 오지 않을 경우에는 벌점을 부여하는 것입니다.

수업 중 발표, 시험 결과 등 보상과 벌점을 받을 수 있는 상황을 다양하게 원칙으로 정합니다. 이때 학생들은 좀 더 의욕적으로 숙제를 할 수 있습니다. 초등부의 경우 보상으로 상품을 주는 것이 효과적이며, 중 · 고등부의 경우는 기프티콘을 보상으로 많이 활용합니다.

상벌 제도를 이용할 때 가장 많이 쓰는 것은 영어 학원의 달란트입니다. 혹은 초등부의 경우 칭찬 스티커를 이용하는 것도 좋은 방법입니다. 칭찬 스티커는 문구점에서 30개짜리, 50개짜리 등 다양하게 판매되고 있습니다. 반면에 중·고등부는 원장님이 학생들의 학습 상태를 기록하는 것만으로도 충분합니다.

상벌 기록 일지 예시

	+	−		+	−
학생 A	숙제 正 테스트 ─		학생 C	숙제 正正	지각 ─
학생 B	숙제 正正		학생 D	숙제 테스트 ─	

7

학원 이동이 많은 시기는
따로 있다?

"망설이다가 또 그 타이밍이라는 놈에게 발목 잡히지 말라고."

인기리에 방영되었던 모 드라마의 대사입니다. 드라마 속 주인공은 상대에게 용기를 북돋아 주며 지금이 움직일 때라는 것을 일깨워줍니다. 이 대사는 예비 원장님들에게도 꼭 필요한 이야기입니다.

학원을 운영하다 보면 홍보 계획, 설명회 준비, 재원생을 위한 이벤트 기획 등 여러 행사를 진행할 것입니다. 새로운 신입생을 적극적으로 모집하거나 학생과 학부모님의 만족도를 높이기 위해 기획하는 일련의 행사들은 결국 우리 학원의 장점을 드러내어 퇴원은 막고 신규 학생은 유치하기 위함입니다. 그러나 간혹 돈, 열정, 시간을 쏟아 행사를 진행하거나 홍보에 도전했는데 그 결과가 시원찮을 때가 있습니다. 내용을 살펴보아도 잘못된 점이 없다면 문제는 바로 타이밍입니다.

헬스장은 옷이 가벼워지는 시점에 신규 회원이 늘어난다고 하고, 미용실은 계절이 바뀔 때마다 매출이 증가한다고 하지요? 이처럼 사교육도 성수기가 존재합니다. 하지만 다른 서비스 업종과는 달리 학원은 연속성과 지속성이 강한 업계라는 특징 때문에 원장님들의 고민이 시작됩니다. 좀 더 쉽게 말하면 고객의 지출이 0에서 1이 되는 미용실이나 헬스장과는 달리 학원의 경우 고객의 지갑에서 나오는 돈은 매달 비슷하게 유지되지만, 소비 장소가 A 학원에서 B 학원으로 옮겨질 수 있다는 의미입니다.

즉, 학원 업계에서 성수기란 외부에서 수요층이 유입되는 것이 아닌, 학생들이 학원과 학원을 이동하는 시기라는 뜻입니다. 그래서 이 시기를 마냥 기회라고 생각하는 원장님들은 많지 않습니다. 오히려 두려워하는 원장님들이 더 많지요. 결국 뺏고 뺏기는 이 경쟁에서 살아남기 위해서는 나의 것은 잘 지키되 남의 것을 빼앗아 와야 합니다. 이 경쟁에서 승자가 되기 위해서는 기존 고객과 잠재 고객 모두에게 어필할 수 있는 자기 PR이 필요합니다. 그럼에도 불구하고 진짜 핵심은 타이밍입니다.

다음에 나올 그래프는 저자가 운영하는 학원 검색량의 1년 변화를 나타낸 것입니다. 네이버 스마트 플레이스라는 프로그램을 바탕으로 정리한 자료로, 네이버에서 저자의 학원 검색 수 변화를 보여 주지요. 학원의 정보를 찾고 이름을 검색한다는 것은 곧 새로운 학원을 알아보겠다는 의미로 해석할 수 있습니다. 때문에 검색량이 많은 달일수록 이동을 원하는 욕구가 높아진다는 것에 주목해야 합니다.

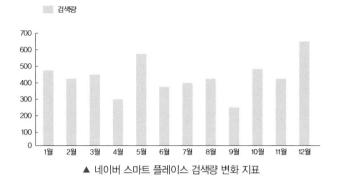

▲ 네이버 스마트 플레이스 검색량 변화 지표

많은 원장님들이 예상하신 것처럼 이동이 가장 많은 시기는 역시 12월이었습니다. 당연한 일입니다. 한 학년이 마무리되고 상급 학교 혹은 다음 학년으로 넘어가는 12월에는 학생과 학부모님의 불안한 마음이 가장 커지는 달이니까요.

유치원을 졸업하고 드디어 초등학생이 된다는 설렘과 불안이 공존하는 예비 초등 1학년, 특히 본격적으로 고학년이 된다는 생각에 긴장감이 들기 시작한 초등 4~5학년, 이제 3개월 뒤면 드디어 교복을 입고 본격적인 입시를 시작하게 되는 초등 6학년, 자유학년제가 끝나고 지필고사의 압박과 선행 학습이 피부로 느껴지는 중등 1학년, 고등학교를 결정하고 미지의 수험 생활에 대한 스트레스로 밤잠 못 이루는 중등 3학년, 수능까지 불과 1년도 채 남지 않았다고 심란해 하는 고등 2학년까지.

자연스럽게 한 해를 돌아보며 학생 스스로 부족했던 점을 되짚어 보고 이에 대한 해결책으로 학원 이동을 고민하는 것은 어쩌면 당연합니다. 한 해의 마지막 달인 12월뿐 아니라 이어지는 1~3월도 상담 전화는 계속됩니다. 12월에 학원을 결정하지 못했거나 늦게 새로운 학원을 알아보기도 하고 혹은 3월 개학과 맞추어 학원 이동을 준비하는 것이기 때문입니다. 즉, 겨울은 누구에게나 기회가 오는 좋은 계절입니다.

하지만 이런 저런 이유로 기회의 계절을 놓치셨다고요? 만약 원장님이 중·고등부를 운영하고 있다면 한 해 농사가 풍작으로 마무리되기 위한 기회가 아직 한 번 더 남았습니다. 바로 5월, 첫 중간고사 시기 이후입니다. 초보 원장님들은 고작 한 번의 시험을 쳤을 뿐인데 곧장 다른 학원을 찾기 시작하는 학부모님에게 서운한 마음을 가지기도 합니다.

"성적이라는 게 그렇게 갑자기 오르는 것이 아니잖아요. 시간이 필요한 건데, 너무 조급해하시는 것 같아요."

맞습니다. 학생들을 오래 가르쳐 온 원장님들은 한 번의 시험에 일희일비하지 않고 몇 달만 더 노력하면 분명히 변화가 생길 것이 눈에 훤히 보이는데 학원을 이동하는 학생들이 안타까울 뿐입니다. 새로운 환경에 적응하느라 시간이 걸릴 것이 분명하니까요. 하지만 첫 시험에서 만족스러운 성적을 받지 못한 학생과 학부모님의 생각은 좀 다를 것입니다. 겨우 한 번의 시험을 치르고 불만족스러워 떠나는 것이 아닙니다. 겨울 방학부터 지금까지 쌓인, 길게는 반년에 가까운 시간 동안 '다음 학기도 이 선생님과 함께 해야 할 이유를 찾지 못해서' 이동을 하려고 하는 것입니다.

학생과 학부모님, 원장님의 신뢰가 쌓여 있다면 적어도 기말고사까지는 지켜보겠다는 것이 대다수 학부모님의 진짜 마음입니다. 따라서 5월, 첫 시험을 치르고 학원을 떠난 학생이나 새로운 학원을 찾고자 하는 학생의 본질은 '신뢰를 줄 수 있는가?'하는 문제입니다.

나는 학생들에게 신뢰를 주는 선생님인가요?

	체크해 보세요.	예	아니오	모르겠다
Q1	시험을 치르기 전, 학생들의 실력을 파악하고 조언·격려를 했다.	☐	☐	☐
Q2	시험 준비 과정에서 학교에 맞는 자료를 제시하고 분석에 대한 결과를 학생들과 공유했다.	☐	☐	☐
Q3	시험을 앞두고 불안한 학생들의 마음을 이해하고 어루만져 주었다.	☐	☐	☐
Q4	당장 이번 시험이 아닌 장기적인 안목을 가지고 학생과 함께 목표를 세웠다.	☐	☐	☐
Q5	시험을 준비하며 개별적으로 보완해야 할 점에 대해 이야기했다.	☐	☐	☐
Q6	숙제량이 지나치게 많거나 적지 않았다.	☐	☐	☐
Q7	다른 과목의 학습 시간을 방해하지 않았다.	☐	☐	☐
Q8	학교 선생님을 비난하거나 다른 학원과 비교하는 말을 직접적으로 내뱉지 않았다.	☐	☐	☐
Q9	성적에 따라 학생들을 차별하지 않았다.	☐	☐	☐
Q10	시험 전까지 목표했던 수업을 모두 마쳤다. (진도·시험 대비·시험 직전 대비 등)	☐	☐	☐

5월 첫 시험이 끝나고 나면 학원 이동은 조금씩 소강 상태로 접어듭니다. 겨울 방학과는 달리 여름 방학 전후로는 학원 이동이 크게 있지 않습니

다. 그렇기 때문에 학원을 처음 개원하거나 대대적인 홍보를 계획하고 있는 원장님이라면 여름 방학은 피하는 것이 좋습니다. 아무래도 여름 방학은 2~4주로 겨울 방학에 비해 무척이나 짧은데다가 학기 중에 학원 이동을 마무리한 학생들이 많기 때문에 상대적으로는 안정기에 접어든 셈이거든요. 그러므로 이 시기에는 외부 학생의 유입보다는 오히려 내부 학생들을 위한 특강을 개설하여 매출 증대를 노리는 것이 학원 운영 측면에서 도움이 됩니다.

다시 한번 기회가 오는 것은 10월입니다. 2학기 첫 시험이 끝나는 때이지요. 이때는 5월의 상황과 일맥상통합니다. 그렇다면 5월과 10월에 웃을 수 있는 학원은 어떤 학원일까요? 바로 3~4월과 8~9월에 미리 준비를 한 학원입니다. 요즘은 성적 좋은 학생이 다니는 학원이라는 이유만으로 쉽사리 움직이는 시대가 아닙니다. 전교 1등을 배출했다는 현수막을 붙이면 오히려 중위권 이하 학생들은 '저 학원은 나의 수준보다 많이 높겠구나.'라고 생각하여 오히려 역효과가 나기도 합니다. 원장님의 학원이 건재하다는 것을 알릴 필요는 있지만, 그렇다고 우등생 한두 명을 자랑한다고 학생이 몰려오지는 않는다는 뜻입니다.

정보가 많아진 요즘 학부모님의 선택을 받는 학원은 '학원의 성장 과정을 노출한 학원'입니다. 시험 직전과 직후에 반짝 현수막을 거는 것보다 미리 지역 카페, 블로그, 인스타그램, 현수막, 전단지 등을 통해 드러낸 학원 수업의 특징과 장점, 시험 대비를 하고 있는 모습, 시험 자료를 제작하고 수업 준비를 하는 선생님들의 노력 등과 같은 내용을 꾸준히 드러낸 학원입니다. 학부모님의 머릿속에서 조용히 자리잡혀 있다가 자신의 아이의 성적이 곤두박질치거나 현재 학원에 불만이 생겼을 때, '○○ 공부방은 이런 것을 해 준다고 하던데….'하고 원장님의 학원을 떠올리게 하는 것이 핵심 포인트입니다.

노골적인 광고는 반감을 가져옵니다. 그러니 가랑비에 옷 젖듯 천천히, 하지만 꾸준하게 원장님만의 수업과 노력, 결실과 생각을 끊임없이 노출해 보세요. 이러한 노력은 나의 것은 지키고 남의 것은 빼앗아 결국 원장님을 승리로 이끌 것입니다.

우리 학원의 정확한 이동 시기를 확인하고 싶다면?

네이버 스마트 플레이스에 아직 가입하지 않으셨나요? 이것은 지도에 우리 학원 위치와 정보를 보여 주고, 학원 정보를 클릭해 본 잠재 소비자들이 사용한 검색 키워드 및 방문자 통계를 보여 주는 유용한 사이트입니다. 사업자 등록을 마친 원장님들이라면 누구나 무료로 사용할 수 있습니다.

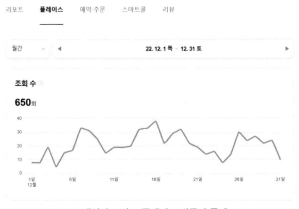

▲ 네이버 스마트 플레이스 방문자 통계

특히 새로운 홍보를 시작했을 때, 일간 검색량 변화 추이를 지켜보며 데이터를 쌓아 보세요. 우리 지역 학부모님들이 몇 월에 학원을 주로 찾기 시작하는지 한눈에 확인이 가능합니다.

학원에서 홍보를 진행했다면 홍보의 효과를 짐작하는 것도 가능합니다. 별다른 시기적 이슈가 없음에도 홍보를 한 달과 그렇지 않은 달의 방문자 통계 변화를 비교한다면 보다 전략적인 홍보 계획을 세울 수 있습니다.

지역에 따라 효과 있는 광고의 형태도 모두 다릅니다. 어떤 지역 학부모님은 SNS 광고가 주효하지만, 또 어떤 지역은 여전히 전통적인 현수막이 최고의 효과를 나타내기도 합니다. A 도시는 저렴한 원비를 전면으로 했을 때 문의가 많고, B 도시는 색다른 커리큘럼을 홍보했을 때 수요가 많기도 합니다.

원장님의 지역은 어떤 광고가 가장 효과가 좋을지 꾸준히 알아보고 고민하셔야 합니다.

8

학생을 잘 다룬다는 말의
진짜 의미

"원장님, 죄송하지만 아이에게 집에서 다른 공부도 조금 더 하라고 이
야기 좀 해 주실 수 있나요? 아이가 제 말은 안 듣지만 원장님 말씀은
곧잘 따르더라고요."

위와 같은 요청을 받는 일! 과연 성가시기만 한 일일까요? 학생은 이미 원
장님을 온전히 믿고 따르고 있는 상황이고, 이를 학부모님도 충분히 인지
하고 계셔서 원장님에게 도움을 요청하고 있는 것입니다.

학생을 잘 다룬다는 말의 의미는 수업만 하는 것이 아니라 학생과 충분한
유대 관계를 바탕으로 깊은 신뢰를 쌓고 있다는 것입니다. 그렇다면 이와
같은 신뢰 관계를 쌓기 위해서는 무엇을 해야 할까요?

1) 라포르(rapport) 형성하기

라포르(rapport)란?

상담이나 교육을 전제로 신뢰와 친근감으로 이루어진 인간 관계

처음 학생을 마주하는 순간은 학생이 스스로 학원을 찾아 원장님에게 오는 경우도 있지만, 대다수는 학부모님의 손에 이끌려 오기 마련입니다. 본인의 의지와는 크게 상관없이 학원에 오는 경우가 대다수이므로 처음에는 약간의 경계와 함께 썩 긍정적이지 못한 기분으로 대면을 하는 경우가 많습니다. 이때 원장님의 교육 철학, 커리큘럼, 학원의 특장점 등을 학생에게 바로 이야기한다면 제대로 듣지도 않고, 부정적인 이미지만 쌓으며 첫 대면이 끝날 수 있습니다. 아주 사소한 것이라도 좋으니 앞에 앉은 학생과 원장님이 서로 공유할 만한 화제 거리를 찾는 것을 통해 분위기 전환을 이루어낼 수 있습니다.

"중학교는 어디 나왔니? 어? 정말? 나도 거기 나왔는데."
"혹시 ○△게임 하니? 나도 요즘 하는데 쉽지 않더라."

이와 같이 대다수의 학생들이 경험했을 법한 것들을 화제로 '나도 너랑 비슷하다.'는 것을 어필해야 합니다. 이때 중요한 것은 대화의 종결형은 최대한 의문형으로 하여 학생이 대답을 하도록 합니다. 특히 단답형으로 '예', '아니요'로 대답이 나오는 질문은 삼가야 학생과 더 많은 이야기를 나눌 수 있습니다.

2) 학생 파악하기

무사히 첫 대면이 끝나고 수업을 시작했다면 이제는 학생을 파악하는 단계입니다. 물론 학생의 진도 상황과 성적, 성취도를 파악하는 것도 중요하지만 학생의 성향을 파악하는 것이 더 중요하고 난해합니다. 몇 가지 질문만으로 파악할 수 있는 것이 아니므로 주의 깊게 학생을 관찰해야 합니다.

물어보는 질문에 대해 대답하는 학생의 반응과 태도를 보며 내향적인 성격인지 외향적인 성격인지 파악하고, 꼼꼼한 성격인지 아니면 좀 덜렁대는 성격인지도 파악해야 합니다. 주변 친구들과의 사교성을 중요시 여기는지 혼자 있는 것을 좋아하는지, 새로운 상황에 놓이는 것을 좋아하는지 싫어하는지 등등 여러 가지 기준으로 학생을 구분해 놓을 필요가 있습니다.

수업 시간에 "이번 주에는 무슨 일 없었니? 뭔가 재밌는 일 없었어?"와 같은 간단하고 일상적인 질문을 하며 학생이 어떤 경험을 했는지 관심을 가져봅니다. 학생의 대답으로 어렵거나 곤란한 상황에서 어떻게 대응했는지에 따라 학생의 성격을 대략적으로 파악할 수 있습니다. 또한, 서로가 겪었던 일들을 공유하며 끈끈한 유대감을 쌓을 수도 있지요.

3) 학생에게 관심 갖기

학생도 사람이고, 원장님도 사람입니다. 늘 한결같을 수는 없고 변화가 있기 마련입니다. 아주 사소한 것이라도 학생들에게 변화가 있다면 눈치채주세요. 새 옷을 샀거나 머리를 했다든지, 추운 날씨에 비해 옷을 얇게 입고 왔다든지 등 별것 아니지만 달라진 것에 대해 한 번씩 이야기를 건네다 보면 어느샌가 학생과 원장님 사이에 깊은 유대감이 생길 것입니다. 나중에는 묻지 않았는데도 먼저 와서 자신의 이야기를 하기 시작했다면 원장님은 경계의 대상이 아니고 어느 정도 호감이 있는 사람이 된 것입니다.

4) 학생에게 신뢰감 갖게 하기
이전까지 학생과 유대 관계를 쌓았다면, 이제는 좀 더 깊게 원장님을 믿고 의지할 수 있는 사람으로 받아들이도록 해야 할 단계입니다. 학생에 대한 진정성이 느껴지도록 말하고 행동하는 것을 원칙으로 한다면 신뢰는 저절로 쌓이게 됩니다.

"나는 진짜 네가 걱정이 되어서 그래."
"그렇게 하다간 정말 큰일 나는 것을 많이 봤단다. 나도 큰일이 났었지."
"네가 원한다면 그렇게 하는 게 맞지만, 나는 네가 조금 아깝단다."

위와 같은 질문을 하며 학생의 진로와 미래에 대해 진지하게 고민·걱정하고 있다는 제스처를 취한다면 학생은 '저 선생님은 날 단순히 원비 내는 학생으로 보는 것이 아니구나.'라고 느끼게 되고, '저 선생님 말이라면 좀 더 믿어도 될 것 같아.'로 생각하게 될 것입니다.

5) 학생과의 유대감과 신뢰는 학생을 위해서만 사용
당연한 이야기지만 앞의 내용으로 학생과의 신뢰를 충분히 쌓았다면 이는 학생의 진로와 학업적인 성취를 위해서만 사용되어야 합니다. 이를 악용하여 엉뚱한 곳에 활용한다면 그동안 공들여 쌓아 놓은 신뢰는 한순간에 무너지게 되고, 그 신뢰를 다시 회복하기란 거의 불가능하기 때문입니다.

DISC 행동 유형 검사[17]로 성향에 따른 의사소통 방법 활용하기

예. 학습 계획을 짜는 데 어려움을 겪어 도움을 요청하는 학생에게	
주도형 학생	• 최종 결정은 학생이 할 수 있도록 의견 강요하지 않기 • 직접적이고 직관적으로 학습을 계획 · 구성하도록 유도
사교형 학생	성취도를 계속해서 확인할 수 있게끔 여러 일은 나누어 계획하도록 조언
안정형 학생	• 갑작스러운 학습 변화를 강요하지 않기 • 조금씩 변화하도록 보다 구체적으로 조언
신중형 학생	• 너무 세세한 계획을 짜지 않도록 조언 • 시간 · 페이지 단위의 계획을 짜려 하나, 이로 인한 스트레스가 심하기 때문에 러프하게 계획을 짜도록 유도

17) 사이트 주소: http://aiselftest.com/disc/

9

고정 비용 똑똑하게 관리하기

'앞으로 벌고 뒤로 밑진다.'는 말이 있습니다. 많은 자영업자들이 한숨을 쉬는 이유이기도 합니다. 사업이란 매출을 늘리는 것도 중요하지만 지출을 잘 관리하는 것도 수익에 매우 큰 영향을 미치는 요인인데 다수의 초보 원장님은 이 부분을 쉽게 간과합니다.

"한 달에 버는 수강료가 N백만 원인데 남은 게 없어요! 번 돈이 다 어디로 갔는지 모르겠어요."

여러 원장님들이 남들에게 털어놓지 못했던 속앓이! 이번 장에서는 매출만큼 중요한 지출을 통제하는 법에 대해 알아보려고 합니다.

지출을 통제하기 전, 선행되어야 할 것이 있지요? 바로 본인 학원의 지출 및 수익 구조가 어떻게 이루어지고 있는지 확인하는 일입니다.
지출 항목은 다음과 같이 크게 네 가지로 구분할 수 있습니다.

1) 월세 및 부가세

2) 인건비: 강사 인건비 및 차량 유지비

3) 공과금: 관리비, 전기세, 가스비, 4대 보험료, 렌탈료 등

4) 원재료 · 부재료 비용: 프랜차이즈 가맹비, 프로그램 사용비, 비품 구입비 등

1) 월세 및 부가세

예비 원장님은 물론 초보 원장님들에게 가장 큰 지출 항목은 임대료입니다. 아직 강사를 고용하지 않은 1인 강사 체제라도 임대료는 매달 목돈을 내야 하고, 심지어 부가세 10%가 추가되기 때문에 적정 임대료를 찾는 것은 무엇보다 중요합니다. 똑같은 상가 지구라고 하더라도 버스 정류장 인근, 교차로, 저층(2층 등), 전면 상가 등은 임대료가 2~5할 정도 비싸지기 때문에 과연 그만한 추가 임대료를 감당할 만한지도 생각해 보아야 할 부분입니다.

요식업 등과 달리 소규모 학원은 같은 학원가 내라면 특별한 지리적 이점이 있다고 보기 어렵습니다. 때문에 절약한 비용으로 오히려 온 · 오프라인 홍보비나 학생들을 위한 시설, 학습 교구에 투자를 하는 것을 추천합니다.

매물 A	매물 B
• 사거리 코너 건물 • 2층 20평 • 지하철역 및 버스정류장 앞 • 보증금 3천만 원, 월세 170만 원	• 매물 A에서 약 200m 떨어진 대로변 건물 • 2층 20평 • 보증금 2천만 원, 월세 110만 원

▲ 같은 학원가에 위치한 두 상가의 임대료 비교

2) 인건비

학원 강사의 임금은 크게 두 가지로 구분됩니다. 일반적인 정액제가 있는 가 하면 비율제로 계약을 하는 경우도 많습니다. 중·고등부 선생님들 중에는 '기본급+비율제' 형태의 임금을 선호하는 분들이 많습니다. 경험이 많고 본인의 실력에 자신이 있는 강사들은 정액제에 비해 비율제로 계약할 경우 월급의 상한을 크게 높일 수 있기 때문에 먼저 제안을 하기도 합니다.

특히, 고등부 비율제 강사는 6(강사) : 4(학원) 이상의 비율도 심심치 않게 보이는데 이를 잘 활용한다면 초보 원장님은 실력 있는 강사를 채용하는 것이 효과적일 수도 있습니다. 학생의 수에 따라 월급이 달라지기 때문에 강사의 의욕도 높은 편이며 스스로 발전을 위해 노력하는 강사를 만나기도 쉽습니다.

단, 비율제 강사의 경우 정액제 강사와 비교했을 때 학원이나 원장님의 교육관이나 커리큘럼보다는 독자적인 수업 형태를 고수할 확률이 높고, 최악의 경우에는 강사 퇴직 시 기존 학생들의 이탈이 매우 심할 수 있다는 부분도 간과해서는 안 됩니다. 일장일단이 있으니 상황에 따라 적절한 방법으로 임금의 형태를 선택하기 바랍니다.

3) 공과금

공과금은 전기세, 가스비, 수도세는 물론 건물의 관리비나 원장님과 강사 채용 시 내야 하는 4대 보험료, 프린터나 정수기 등의 렌탈료, 인터넷 사용료 등이 모두 포함됩니다.

특히 중요한 것은 보험료입니다. 초보 원장님들은 이 보험료를 간과하는 경우가 많으니 주의해야 합니다. 만약 강사 1명을 월급 250만 원에 채용했다면 내야 하는 보험료는 얼마일까요?

4대 사회 보험료 모의 계산[18]

📺 전체

| 월 급여 | 2,500,000 | 원 | 🖩 계산 | 초기화 |
| 근로자수 | ⦿150인 미만 ○150인 이상(우선지원대상기업) ○1,000인 이상 ○150인 이상 1,000인 미만 |

구분	보험료 총액		근로자 부담금		사업주 부담금	
국민연금	225,000	원	112,500	원	112,500	원
건강보험	177,240	원	88,620	원	88,620	원
건강보험 (장기요양)	22,700	원	11,350	원	11,350	원
고용보험	51,250	원	22,500	원	28,750	원
합 계	476,190	원	234,970	원	241,220	원

※ 2023년 기준(계산내용은 모의계산이기 때문에 실제와 다를 수 있습니다.)

강사 1명을 고용했을 때, 사업주인 원장님이 추가로 부담해야 하는 4대 보험료는 무려 24만 원이 넘습니다. 여기에 원장님 본인이 내야 하는 국민연금과 건강보험을 포함하면 50만 원이 훌쩍 넘는 금액을 4대 보험료로만 내야 하는 것이 되지요.

하지만 근로자가 10인 미만이고 근로자의 월 평균 임금이 220만 원 미만

------

18) 사이트 주소: https://www.4insure.or.kr/ins4/ptl/Main.do

인 작은 학원을 운영하는 원장님이라면 4대 사회 보험료를 줄이는 방법이 있습니다. 바로 '두루누리 사회 보험료 지원 사업'입니다. 국민연금과 고용 보험료의 90%를 지원받을 수 있으니 기준에 부합한지 꼭 알아보기 바랍니다.

1인 교습소나 공부방을 운영하고 계시다고요? 혼자 사업을 꾸리는 1인 자영업자를 위한 '1인 자영업자 고용보험 지원 제도'도 있습니다. 고용 보험의 30~50%를 지원해 주는 사업으로 자영업자도 추후 폐업 시 실업 급여를 지원받을 수 있습니다.

4) 원재료 · 부재료 비용

교육업은 다른 업종에 비해 재료비가 매우 적게 듭니다. 강사가 사용할 교재나 인쇄용지, 분필 정도의 소모품 비용 정도뿐이니까요. (출판업을 따로 등록하지 않았다면 학원 내에서 교재비를 받는 것은 불법이므로 학생들의 교재비는 논외로 합니다.)

단, 프랜차이즈를 가맹하고 있거나 프로그램을 사용하고 있다면 이야기는 달라집니다. 프랜차이즈는 초보 원장님의 운영 난이도를 매우 낮춰 주는 효자이기도 하지만 학생 1인당 프로그램 사용료 등 지속적인 지출이 발생합니다. 많게는 수강료의 30% 이상의 사용료를 지불해야 합니다.

가맹 브랜드에 따라 수수료는 천차만별이기 때문에 새로 프랜차이즈를 도입하려는 원장님은 초도 비용과 가맹비는 물론, 학생 1인당 매달 발생하는 프로그램 사용료가 얼마인지를 꼼꼼히 비교할 필요가 있습니다.

이렇게 네 가지 대표 지출 항목을 확인했다면 각각의 비용을 다음의 그래프처럼 체크하고, 한 달 매출액에서 지출을 뺀 금액(순이익)을 확인해 보세요. 막연히 '얼마쯤 남겠지 '라고 생각하는 것과 실제로 그래프를 그려 눈으로 확인하는 것은 지출 구조에 대한 생각을 바꿔 줄 것입니다.

대표 지출 항목별 순익 확인하기

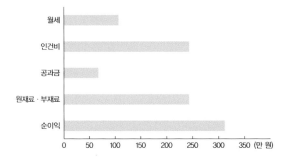

위의 그래프에 예시로 든 ○○ 학원 원장님은 월 매출이 천만 원에 달하지만 정작 손에 남는 것은 300만 원 가량에 불과했습니다. 강사 1명만을 고용한 작은 학원임에도 지출이 상당하다는 것이 한눈에 보이나요? 혹시 이 원장님이 운영을 잘못하고 있는 것일까요?

창업 경영 연구소 이상헌 소장은 소규모 창업자는 '3-5-2-12-8의 법칙[19]' 을 준수해야 실패 확률을 낮출 수 있다고 조언했습니다.

19) 『3-5-2-12-8의 법칙—성공창업방정식을 준수하라』 이상헌 지음

3-5-2-12-8의 법칙이란?

> 한 달을 30일로 할 때,
> 3일간 매출로 월세를 감당하고
> 5일간 매출로 인건비를 감당하고
> 2일간 매출로 공과금을 감당하고
> 12일간 매출로 원재료 · 부재료 구입비를 감당하고
> 나머지 8일간 매출을 순익으로 잡는다.

이 법칙에 빗대어 본다면 해당 원장님은 전체 수입 대비 월세가 4일분, 인건비가 8일분, 공과금이 2일분, 원재료 · 부재료 구입비가 8일분이 되는 셈입니다.

교육업은 다른 자영업에 비해 인건비 부담이 높고 원재료 · 부재료 구입비가 상대적으로 낮기 때문에 이를 감안한다면 ○○ 학원의 원장님은 제법 알차게 학원을 꾸려 가고 있다고 볼 수 있습니다.

그러나 순이익을 더 높일 수 있는 방법은 얼마든지 존재합니다. 이 학원은 강사 1명을 포함해 2명의 선생님이 꾸려 가는 학원인데 반해 강의실 4개인 학원을 임대하고 있기 때문에 남는 공간이 많습니다. 따라서 규모를 줄여 월세를 낮추거나 추가로 파트타임 강사를 더 고용하여 매출을 늘리는 방식으로 전체 수입 대비 월세의 비중을 떨어트릴 수 있습니다.

하지만 원장님이 실제로 선택한 방법은 원재료 · 부재료 구입비를 낮추는 방식이었습니다. 가맹을 맺고 있던 프랜차이즈의 프로그램 사용료와 교재

비가 수강료의 약 20~30% 정도였는데 정작 학생과 학부모님은 프랜차이즈의 이름이 아니라 원장님과 강사 선생님의 교육관과 수업 관리 노하우 등에 신뢰를 느끼고 있었던 것입니다.

결국 고민 끝에 직접 강의하는 수업의 비율을 높이더라도 학생 1인당 사용료가 낮은 프로그램을 사용하기로 결정했는데요. 시간이 지남에 따라 강사 직강의 수업 비중이 높기를 원하던 학부모님 사이에서 태블릿 사용이 적은 학원이라는 입소문이 나면서 신규 학생 유치가 원활히 이루어지며 수익은 훨씬 개선되었습니다. 가장 건들기 어렵다고 여겼던 원재료 · 부재료 구입비를 대대적으로 손보면서 지출 비율을 조정한 결과입니다.

이렇듯 '절대로 바꿀 수 없는 비용'이란 존재하지 않습니다. 자신의 학원에 불필요하거나 과도하게 지출되고 있는 항목이 있다면 과감한 결단이 필요한 시점입니다.

10

원장님의 역량을 키우는
전문가 교육

원장님은 운영 전반에 대한 책임과 권한을 가진 중요한 역할을 담당하고 있습니다. 원장님의 역량이 높을수록 학원의 운영이 원활하고, 학생과 학부모님의 만족도가 높아지며, 학원의 경쟁력이 강화됩니다.

원장님이 책임자이자 전문가로서 역량을 키우기 위해 들으면 좋을 교육을 소개해 드리고자 합니다. 학원에서 지도하는 교과목에 대한 전문 역량은 기본 중에서 기본이므로, 그 외 필요한 역량 교육에 대한 정보만 정리해 보겠습니다.

1) 조직 관리, 학원 경영 및 마케팅 관련 교육

원장님은 학원을 성공적으로 운영하기 위해 경영과 마케팅에 대한 전문적인 지식을 갖추어야 합니다. 이를 위해서는 학원 경영 및 마케팅에 관한 교육을 통해 실무 역량을 키우는 것이 좋습니다.

교육 프로그램을 선택할 때는 학원 경영에 대한 전반적인 이해를 높이고 싶은지, 특정 분야의 전문 역량을 키우고 싶은지 등을 고려하며 적절한 프로그램을 찾아 수강하는 것이 좋습니다.

● 꼭 알아 두어야 할 학원장 커뮤니티

온라인상의 원장님 커뮤니티에 가면 다양한 교육 프로그램 정보를 얻을 수 있으므로 원장님의 상황에 따라 적절한 커뮤니티에 가입하면 됩니다.

강사를 고용한 원장님이라면 '학원 관리 노하우(줄여서 학관노)' 커뮤니티를 추천합니다. 그곳에서 진행하는 마케팅, 세무, 노무, 교사 관리, 학원 시스템 만들기 등의 프로그램을 통해 원장님의 역량을 키울 수 있습니다.

또한, 공부방이나 1인 교습소를 운영하는 원장님이라면 '성공하는 공부방 운영하기(줄여서 성공운)'를 추천합니다. 그곳을 통해 1인 원장으로서 필요한 운영 정보는 물론, 원장님의 시간과 노력을 줄여 주는 다양한 공동 구매 정보도 얻을 수 있습니다.

● 원장님의 마케팅 역량을 키워 주는 블로그, 인스타그램 마케팅 수업

최근 온라인 마케팅의 중요성이 강조되면서 원장님이 블로그나 인스타그램 등의 SNS 툴을 활용하는 능력이 필수가 되었습니다.

이때 원장님의 전문성 향상을 위해 도움을 받을 수 있는 곳으로 '작은 시작 마케팅 부스팅 랩(줄여서 작작랩)'을 추천합니다. 블로그의 기초부터 인스타그램을 통한 광고 방법, 카카오톡 채널 개설 등 늘 바쁜 원장님의 일손을 덜어 줄 도구 활용법을 배울 수 있습니다.

2) 미래 교육 트렌드 관련 교육

원장님은 빠르게 변화하는 교육 트렌드를 파악하고, 이를 학원 운영에 반영하는 능력을 갖추어야 합니다. 미래 교육은 4차 산업 혁명, 글로벌화, 인구 구조 변화 등과 같은 시대적 변화에 따라 다양한 방향으로 발전하고 있습니다. 원장님은 이러한 변화를 이해하고, 미래를 살아갈 인재를 키운다는 사명감으로 시대의 흐름을 읽고 이를 학원 운영에 반영해야 학원 경쟁력을 강화할 수 있습니다.

● AI(인공 지능) 기술의 발전

최근 AI를 활용한 학습 콘텐츠, AI 기반 학습 분석 등이 개발되고 있습니다. 원장님은 AI 기술을 활용하여 학습의 효율을 높이고, 학생의 학습 역량을 강화할 수 있도록 AI 활용 역량을 키워야 합니다.

● 온라인 교육의 확대

온라인 교육은 시간과 공간의 제약을 받지 않고, 다양한 교육 콘텐츠를 제공할 수 있다는 장점이 있습니다. 특히, 코로나가 앞당긴 변화로 온라인 교육 시장은 지속해서 확대되고 있으며, 학원도 온라인 교육을 제공하는 추세입니다. 원장님은 온라인 교육을 통해 학원의 접근성을 높이고, 새로운 학생을 유치할 수 있습니다.

● 융합 교육의 중요성

미래 사회는 다양한 분야의 지식과 기술을 융합할 수 있는 인재를 필요로 합니다. 원장님은 융합 교육을 통해 학생이 다양한 분야의 지식과 기술을 습득하고, 창의적인 사고력을 키울 수 있도록 지원해야 합니다. 자신에게 익숙한 가치의 교과목 지도에 머무르는 것이 아니라, 융합을 통한 새로운 교육 프로그램 개발로 학생과 학부모님을 만족시킬 수 있어야 합니다.

● 학생 중심 교육의 강화

미래 교육은 학생 중심 교육으로의 패러다임 전환이 이루어지고 있습니다. 따라서 학생의 개별적 특성과 필요에 맞는 교육을 제공하는 것이 중요합니다. 원장님은 개별 학생 중심 교육 커리큘럼 구성을 통해 학생의 학습 성취도와 만족도를 높일 수 있습니다.

3) 티칭에서 코칭의 시대 필수, 학습 코칭 교육

미래 교육 환경의 가장 큰 특징적 변화는 지식과 정보가 넘쳐 나고 AI 기술의 발전으로 다양한 온라인 교육 툴이 제공되는, 이른바 하이테크 시대라는 것입니다. AI 기술은 학생들의 학습 효율을 높이는 데 도움이 되지만, 학생들 스스로 학습 방법과 전략을 개발하고 적용하는 능력을 키워 주는 데는 한계가 있습니다.

최근, 지식 전달 중심의 티칭식 교육 방식에서 개별 학생들의 학습 스타일, 강점, 약점, 관심사를 파악하여 학생 개개인에 맞는 학습 목표와 계획을 수립하고 실행할 수 있도록 돕는 코칭식 지도가 각광받고 있습니다. 학습 지식을 주입하는 방식으로써의 코칭이 아니라 학생의 학습 역량 자체를 키워 주는 것을 목적으로 하며, 학습 코칭 혹은 학습 역량 코칭이라고도 합니다. 단순히 교과목의 성적을 높이는 1 : 1 지도가 아닌 코칭 과정에서 학생의 잠재력을 발견해 스스로 목표를 설정하며 계획을 수립하고 실행하도록 돕는 것이 학습 역량 코칭의 목적이 됩니다.

그런 이유로 앞서가는 원장님에게 학습 코칭 교육은 선택이 아니라 필수가 되었습니다. 원장님의 코칭 역량을 키울 수 있는 방법은 개별 코칭 기관과 코칭 학회를 통한 자격 취득, 그리고 코칭 교육 대학원 진학 등이 있습니다.

● **대학원 교육과정**

– 고려대 대학원 아동코칭학과

– 광운대 코칭 심리 대학원

– 숭실대 교육 대학원

등의 과정을 추천해 드립니다.

● **자격증 취득 과정**

① (사)한국코치협회[20] 코칭 자격증 과정

전문 코칭 교육과 실습, 자격시험을 통해 KAC, KPC, KSC 등의 자격을 취득하고, 코칭과 코칭 대화에 대해 익혀 나갈 수 있는 자격증 과정입니다. 자격심사와 관리는 (사)한국코치협회에서 진행하며, 교육은 개별 코칭 기관을 통해 이수할 수 있습니다. 자신의 목적과 가치관이 맞는 곳을 찾아 교육받으며 원장님의 역량을 키워 갈 수 있습니다.

② 학습 코칭 전문가 자격증 과정

초 · 중 · 고등학교 학생의 공부 머리, 공부의 힘을 파악하는 도구인 다면적 학습 역량 진단 검사(MTLC) 실시 자격을 부여하는 민간 자격증 발급 과정

---

20) (사)한국코치협회 http://www.kcoach.or.kr

입니다. 자격증 취득 후, 간단한 진단검사를 통해 학생의 학습 역량을 파악하고, 개별 맞춤 교육과정 설계에 검사 결과를 활용할 수 있습니다. 이 교육 수료를 통해 원장님은 교육전문가로서 상담 역량을 높여 학부모님으로부터 신뢰를 얻을 수 있고, 진단과 학습 코칭을 통한 추가 수입을 낼 수 있으니, 여러 면에서 학원 운영에 도움이 됩니다. 학습 코칭 전문가 교육은 훈민에듀코칭 및 전문강사가 운영하는 교육과정을 통해 수강할 수 있으며, 자격 심사와 관리는 ㈜교담에서 진행합니다.

원장님의 업무 범위는 경영, 홍보, 노무, 세무, 교무, 입시 등 다양한 영역에 걸쳐 있습니다. 특히 소규모 학원의 경우, 수업은 물론이고 원장님이 거의 모든 일에 신경을 써야만 하기에 원장님의 역량이 학원의 존폐와 직결된다는 말이 과장이 아닙니다. 원장님으로서 기본적 경영 능력을 갖춤과 동시에 새로운 교육 트렌드에 대한 정보를 꾸준히 수집하고, 학원 운영에 대한 새로운 아이디어를 개발하며 성공적인 학원 운영의 토대를 마련하기 바랍니다.

PART 4

억대 매출 학원 만들기

작은 학원 고속 성장시키는 법

입시 공부,
차별화된 커리큘럼의 지름길

"우리 학원은 초등학생을 대상으로 하는데 굳이 입시 공부를 해야 할 필요가 있을까요?"

많은 원장님들이 입시에 대한 공부를 하는 것을 두고 당장 써먹을 수 있는 지식이 아닌데 노력을 너무 많이 들여야 하니 효율이 떨어진다고 느낍니다. 하지만 그럼에도 불구하고 사교육 시장에서 교과 수업을 하는 원장님이라면 입시의 큰 틀과 교육 정책의 변화에는 언제나 촉각을 곤두세워야 합니다.

대학 입학을 앞두고 있는 고등학생들이나 자사고, 특목고 입시를 준비하는 중등 상위권, 초등 최상위권 학생들이 아니더라도 입시는 생각보다 넓고 강력하게 모든 학생들과 학교에 영향을 끼치기 때문입니다. 문·이과 통합 수능의 실시로 인해 상위권 문과 계열 희망 학생들 중에는 수능에서 미적분을 선택하는 경우가 늘어나고 있고, 중학교 자유학기제 · 자유학년제 시행으로 중학교 1학년 내용은 반드시 100점을 받지 못하더라도 개념을 정확하게 이해하고 있는 것이면 충분하다는 공감대가 생기기도 했습니다.

앞으로 교육 정책의 변화와 그것으로 인해 입시가 달라지는 폭은 더욱 커질 예정입니다. 2022 개정 교육과정에서는 매체 교육이 공교육 내에 본격적으로 삽입되었으며 고교학점제, 중등 진로 연계 학기 도입, 초등 프로젝트 기반 수업 확대 등 사교육 시장에 커다란 변화를 줄 정책들이 줄줄이 시행을 준비하고 있습니다. 이제 더 이상 입시 공부를 등한시해서는 안 되는 이유입니다.

여기에 또 하나 더, 흔히 말하는 입소문은 두 가지로 구분됩니다.

주도하는 입소문이냐, 끌려가는 입소문이냐 하는 것입니다. 많은 원장님들이 입소문을 '내가 어쩌지 못하는 것', '잘 나면 좋고 그렇지 않아도 별수 없는 것'으로 여기고는 합니다.

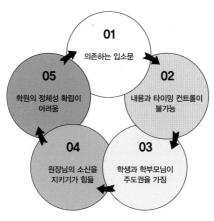

▲ 고객에 의존하는 입소문의 악순환

학원에 대한 소문을 스스로 컨트롤하지 못한다면 학부모님이나 학생, 그러니까 고객에게 끌려다닐 수밖에 없습니다. 소문의 내용에 모두 의존할 수밖에 없으니까요. 입소문의 결정권을 타인에게 넘겨준다는 것은 학원의 이미지와 콘셉트, 방향성과 교육관에 대한 오해의 씨앗을 그대로 남겨 둔다는 것과 마찬가지입니다.

열 명 중 아홉 명의 고객이 만족하더라도 불만족한 한 사람의 빅 스피커를 통해 학원의 이미지는 와전되고 말지요. 대다수의 학생이 함께 높은 곳을 바라보고 서로에게 자극제가 되어 주는 학원이 '저기 원장은 잘하는 학생들만 좋아한대.'라는 비난으로 호도되기도 합니다. 또, 하위권 학생들의 학습 태도를 바로잡으며 공부의 즐거움을 알려 주기 위해 노력한 원장님의 열정과 노력이, '저기 다니는 학생들, 공부 못하잖아.'라는 가볍기 그지없는 조롱을 받기도 합니다.

이런 입소문이 돌고 돌아 원장님 혹은 만족하며 학원을 다니고 있던 학생 및 학부모님의 귀에 들리면 어떨까요? 원장님은 맥이 빠질 것이고, 학생과 학부모님 중 몇몇은 악의적인 소문에 마음이 흔들릴지도 모릅니다.

그렇다면 이런 입소문의 의존을 끊는 방법은 무엇이 있을까요?

간단합니다. 원장님이 전문가가 되면 됩니다. TV 방송에서 인터뷰를 한다거나 책을 쓰거나 유튜브 스타가 되라는 말이 아닙니다. 원장님이 수업하는 과목에 대해 전문성을 가지고 학생과 학부모님에게 먼저 질문을 던지고 답을 줄 수 있다면 '우리 동네에서 지역 전문가'로 자리매김할 수 있습니다. 가진 것을 보여 주어야 합니다.

이런 점에서 입시를 공부하는 것은 전문가로의 이미지를 굳히기에 매우 유리합니다. 학생과 학부모님이 매우 궁금해하는 것이지만, 뉴스에서 나오는 것은 일반적인 전국 기준이지 우리 지역의 기준이 아니니까요. 대치동이나 목동이 아닌, 우리 동네 학교의 상황을 알고자 하고 비교하고 싶어 하는 학부모님의 니즈를 만족시켜 줄 수 있는 건 결국 우리 지역에서 수업을 하고 있는 원장님입니다. 과목에 대한 전문성과 더불어 교육에 관한 비전을 제시하기 위한 방법으로써의 입시 공부가 합쳐지면 곧 지역 내에서의 입지는 단단해질 것입니다.

오프라인 상담과 온라인 블로그를 통해 원장님이 공부한 지식에 견해를 담아 전해 보세요. '저 학원은 ○○에 쓸데없이 시간을 많이 쓰는 것 같지 않아?'라는 의문이 '원장 선생님께서 ○○이 중요하다고 하신 건 이유가 있지!'라는 믿음으로 바뀌게 될 것입니다.

담당 학년별 필수로 공부해야 할 입시 내용

초등부	중등부	고등부
• 디지털 활용 기반 학습 이해하기 • 프로젝트 기반 학습 이해하기 • 2022 개정 교육과정의 특징과 목표 이해하기	• 고교학점제 이해하기 • 고교 학교별 특징과 고입 이해하기 • 자유학기제와 진로 연계 학기 이해하기	• 학생부 각 항목 이해하기 • 내신과 수능의 과목 및 성적 체계 이해하기 • 주요 대학 수시/정시 전형 이해하기

매출 극대화를 위한
특강 준비하기

개원 후 일상적인 수업에 익숙해진 원장님이라면 특강에 대한 고민을 하게되는 시기가 옵니다.

특강을 개설하고 운영하는 일은 단순히 매출을 증가시키는 것 이외에도 원장님의 순조로운 학원 운영을 도와주는 역할도 담당하지요. 미끼 역할 상품, 기존 고객 만족을 위한 이벤트는 물론이고 시장성을 테스트하고 차별화를 해결하기 위한 핵심 프로그램까지 모두 특강으로 해결할 수 있습니다.

1) 미끼 역할로써의 특강

여전히 많은 학부모님들은 학원을 옮기는 것에 대한 부담이 있습니다. 특별히 다를 것이 없는 것 같다면 학생도, 학부모님도 익숙한 기존 학원에 계속 잔류하는 것이 여러모로 편하기 때문이지요.

새로운 학원에 대한 관심으로 고민을 한 후 상담도 받아 보지만 여전히 결단을 내리기 어려워하는 학부모님이 많습니다. 1회 정도의 시범 강의를 제안하더라도 선생님, 함께 공부할 친구들, 학원의 시스템 등에 익숙해지는데는 시간이 걸리기 때문에 학부모님은 고민을 하게 됩니다.

이 경우는 정규 수업이 아닌 특강(전체 교습 시간이 짧아 부담이 없거나 기간이 정해져 있는 수업)을 제시해 보세요. 기존의 교과 수업 등과 병행했을때 시너지를 줄 수 있는 짧은 특강은 자연스럽게 원장님과 익숙해지는 시간을 갖게 하며 정규 수업으로 옮기는 데 있어 결정도 쉬워지게 합니다.

특강 후 정규 수업으로 유입이 많았던 수업 주제 예시

유치 · 초등부	중 · 고등부
• 주 1회 수학 연산 마스터 • 매달 영어 단어 300개 암기 챌린지 • 세계 명작 독서 감상 및 토론 수업 • 한국사 바로 알기(1학기: 삼국 시대)	• 중등 입학 대비 초등 도형 총 정리 • 6월 모의고사 대비: 4주 과정 • 주 1회 영어 듣기 집중반 • 여름 방학 ○○ 문제집 완전 정복

2) 기존 학생을 위한 이벤트성 특강

외부 학생 유입을 위한 특강이 아닌 기존 재원생의 만족도를 높이거나 학생들의 학습을 추가적으로 돕기 위한 특강도 좋은 반응을 얻곤 합니다.
이미 재원 중인 학생들에게 필요한 내용이지만 1~2회 정도의 보충 수업으로 해결이 어렵거나 준비하는 데 원장님의 노력과 시간이 많이 소요되어무료 보강으로 진행하기가 쉽지 않을 때 선택할 수 있는 형태입니다.

단, 이 경우는 모든 학생이 대상이 되면 안 됩니다. 특강 수강이 강제가 되는 순간 특강은 추가 수업의 모습으로 바뀌고, 이는 학부모님들에게 '필요에 의해 스스로 선택한 것이 아닌 단순한 수강료의 증가'로 여겨지기 때문에 불만의 싹이 될 가능성이 농후합니다. 그러므로 모든 학생이 수강할 필요는 없지만, 추가로 배울 수 있는 기회를 바랐던 수업, 예를 들면 '직전 학기 4주 복습'이나 '수행평가 대비법', '논·서술형 문제 집중반'과 같은 수업이 긍정적인 호응을 이끌어 낼 수 있습니다.

특강 신청서 양식 예시

○○ 학원

겨울 방학 특강 안내

01	**강의 내용** 학년: 예비 고1 대상 수강과목: 미리보는 고등 내신 (주 1회, 총 4주) 시간표 　－ A반: ○요일 13시 ~ 15시 　－ B반: ○요일 13시 ~ 15시 수강료: 각 반 ○○만 원
02	**강의 내용 및 목표** 각 고등학교의 1학년 1학기 중간고사 기출문제를 직접 풀이하면서 고등학교 수학 내신 시험의 구성과 난이도에 익숙해질 준비를 합니다. A반: ○○고 / ○○고 / ○○고 / ○○고 B반: ○○고 / ○○고 / ○○고 / ○○고 *기출 난이도를 기준으로 클래스가 편성되었습니다. 　난이도 문의는 학원으로 해 주세요.

3) 시장성을 확인하고 차별화를 위한 특강

학원을 운영하다 보면 다른 학원들과는 차별화되는 원장님만의 수업을 만들고자 하는 욕구가 생기기 마련입니다. 하지만 기존 시장에서 찾기 어려운 커리큘럼의 수업을 곧바로 정규 수업으로 개설했을 때, 반응이 어떨지 확신하기는 어렵습니다.

게다가 공부방과 교습소는 1인 강사 체제이므로 시장성이 충분하지 않은 정규반을 새롭게 만든다는 것은 위험 부담이 더 크기 때문에 쉽게 결정할 수 있는 문제가 아닙니다. 이는 소규모 학원도 마찬가지입니다. 정규반을 추가로 개설한다는 것은 그만큼 인건비 부담이 높아지기 때문입니다.

이럴 때는 기간과 횟수를 사전에 정한 뒤 특강으로 홍보를 시작해 보세요. 겨울 방학 기간에는 보통 8주 과정이 가능하고, 여름 방학도 4주 과정의 특강은 충분히 개설할 수 있습니다. 꼭 방학 기간이 아니라고 하더라도 시험이나 학교 행사가 많은 5월과 10월을 피해 4주~12주로 미리 기간을 정해 두고 수업에 들어간다면 만에 하나 생각만큼 수요자가 없다고 하더라도 해당 수업을 마무리하는 데 큰 부담은 없습니다. 애초에 기간이 정해져 있었던 수업이니까요.

만약 학생과 학부모님의 반응이 좋다면 일회성 이벤트에서 정규 수업으로 바꾸어 운영하거나 특강 1기, 2기, …로 이어지는 방식을 사용하여 매출 증가의 기쁨을 누릴 수 있습니다.

특강으로 고민을 해결한 원장님 인터뷰

Q. 간단한 소개 부탁드립니다.

A. 안녕하세요. 경기도에서 미술 공부방을 운영하고 있는 초보 원장입니다.

Q. 평소 수업의 한계에 대해 고민이 많았다고 들었어요. 무엇이었나요?

A. 아이들에게 공부방이라는 공간적 한계를 벗어나서 다양한 미술 작품에 대한 경험을 시켜 주고 싶을 때가 많았어요. 그림을 그리고 공예를 하는 것도 좋지만, 교과서에서만 보던 작품을 실제로 보는 감동이 아이들이 풍요로운 삶을 사는 데 큰 영향을 끼칠 거라고 생각했거든요.

Q. 교육관이 멋지네요! 고민하시던 점을 결국 행동으로 옮기셨죠?

A. 마침 공부방 근처에서 미디어 아트 전시가 열렸거든요. 처음엔 전시회만 다녀올까 하다가 '아는 만큼 보인다.'라고 하잖아요? 이참에 고민만 하던 특강을 만들어 보기로 결심했었죠. 공부방을 벗어나 외부 공간에서 미술 작품을 보는 경험이 아이들에게 색다른 추억이 될 거라고 믿기도 했고요.

Q. 좀 더 자세하게 말씀해 주실 수 있나요?

A. 미디어 아트의 개념과 전시되는 작품, 화가에 대한 수업을 먼저 진행했어요. 이론 수업도 하고 영상물도 함께 봤고요. 몇몇 화가의 일대기와 주요 작품에 대해서도 가르쳤는데 곧 전시회를 간다고 하니까 집중도도 좋았어요. 2주에 걸쳐서 수업을 하고 전시회를 가니, 아이들이 먼저 작품을 알아보고 서로 이야기를 나누더라고요. 몰입도도 높았고요. 뿌듯했죠.

Q. 학부모님들의 반응도 좋았을 것 같아요.

A. 맞아요. 특강 안내를 원래 재원생들을 대상으로만 했었는데 형제자매들이 함께 가도 되냐고 문의가 오더라고요. 친구들을 데리고 온 아이들도 있었고요. 특강 후, 공부방 열고 감사 인사를 제일 많이 받았어요. 무료로 한 것도 아니었는데 뜨거운 반응에 깜짝 놀랐답니다.

Q. 그래서 정기적으로 진행하는 특강이 되었군요?

A. 네. 아이들이 좋아할 만한 전시회가 열린다는 소식을 들으면 이번엔 어떤 안내문을 만들까 생각부터 하게 되었어요. 우리 공부방만의 핵심 프로그램이 된 것 같기도 해요. 신규 상담을 할 때 많은 학부모님들이 '전시회 특강 이야기 많이 들었다.'고 이야기하시거든요.

Q. 특강을 고민하는 원장님들에게 한마디 해 주시겠어요?

A. 일단은 저질러 보라고 말씀드리고 싶어요. '이게 먹힐까?', '괜한 일을 벌이는 건 아니려나?'라는 고민이 드시겠지만 남들과 차별화되는 특강 하나가 이미지를 개선하기도 하더라고요. 많은 원장님들이 저와 같은 즐거움을 얻으셨으면 좋겠어요. 모두 파이팅입니다!

잘 만든 자체 교재,
열 기출문제집 안 부럽다

내신 문제는 교과서, 모의고사, 문제집 등에서만 나오는 것이 아닙니다. 요즘은 유튜브에서 나온 스크립트를 문제로 내는 학교도 있습니다. 이와 같은 추세에서 시중에 나와 있는 문제집만으로는 학생들의 내신 공부를 책임질 수 없습니다.

학원 자체 교재가 반드시 필요합니다. 자체 교재가 있다는 것만으로도 학원의 특별함을 어필할 수 있습니다. 자체 교재는 단어집, 문법 정리 워크북, 북 리포트, 내신 준비, 수능 준비 등 다양합니다.

요즘 고등학교 영어 시험에서는 출처가 Google Books 등과 같이 알 수 없는 지문들을 시험 범위에 추가합니다. 학생들의 내신 대비를 위해 어떻게 영어 워크북을 만들어야 할지 난감한 경우가 많지만 걱정하지 않으셔도 됩니다. ChatGPT와 젤리랩[21] 등을 이용하여 모의고사 스타일의 변형 문제들

....

21) 사이트 주소: https://jellylab.ai/

로 워크북을 만들 수 있습니다.

젤리랩은 모의고사 스타일의 문제를 만들어 주는 챗봇입니다. 원하는 지문만 복사해 넣으면 원하는 유형의 문제가 자동 출제됩니다. 학생들이 출처를 알 수 없는 지문을 시험 범위라고 가지고 왔을 때 당황하지 말고 직접 워크북을 만들어 보세요.

다음 예시와 같이 젤리랩은 직관적으로 되어 있어서 사용하기 편리합니다.

다음 예시는 젤리랩을 이용하여 만든 수능 21번 함축 의미 문제입니다.

젤리랩은 별도의 질문 프롬포트 사용을 필요로 하지 않습니다. 원장님이 원하는 문제 유형을 클릭하고 지문을 붙여넣기 하면 자동으로 문제가 출제됩니다.

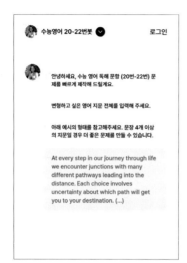

또한, ChatGPT를 이용하면 영어 지문을 한국어로 된 한 줄 해석을 만들수 있으며, 지문 내용 파악을 위한 5지선다 문제를 만들 수도 있습니다.

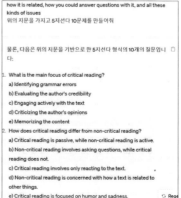

자체 교재는 직접 학원에서 간단하게 만들기 바랍니다. 몇십~몇백 권이 필요하지 않은 한, 업체에 의뢰해서 만드는 것은 부담스럽습니다. 캔바, 미리캔버스 등에서 교재의 겉표지를 만듭니다. 열 표지 제본기를 사용하면 20~40장 단위로 만들 수 있습니다.

❶ 자체 교재에 들어갈 콘텐츠를 제작합니다.

❷ 겉표지와 함께 열 표지에 담습니다.

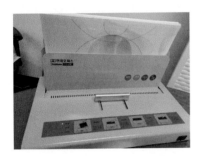

❸ 열 제본기에 넣고 2~3분 기다립니다.

❹ 멋진 자체 교재가 완성됩니다.

긴 명절이 있다면 중·고등부의 경우 4~6일 동안 풀 수 있는 학원 자체 문제집을 만들어서 보냅니다. 학원 자체 교재는 사진을 찍어서 학부모님께 명절 동안 학생이 풀 문제집이라고 안내해 드립니다. 이러한 방법으로 4~6일의 연휴기간 동안 단기 특강을 하는 학원에 눈을 돌리지 않게 할 수 있습니다. 단기 특강을 하는 학원보다는 원장님의 자체 교재를 기대할 수 있도록 합니다.

자체 교재가 꼭 교과 과목과 관련이 있지 않아도 좋습니다. 교과 과목과 관련 없는 것이 더 매력적일 때도 있습니다. 학습 플래너, 용돈 기입장, 긍정 확언 노트, 오답 노트, 문법 노트 등 다양한 자체 교재를 만들 수 있습니다. 학부모님께 감동을 줄 수 있는 자체 교재를 만들기 바랍니다.

다음은 영어 학원의 자체 교재의 학년별 예시입니다.
초등학생을 대상으로 하는 활동지의 경우, 'teachers pay teachers'에서 챕터 북, 얼리 챕터 북, 그림책, 뉴베리 상 소설을 활용한 다양한 활동지를 구할 수 있습니다. 그 외에도 '브릭스', '스마트 리딩'과 같이 거의 모든 학습서 웹 사이트에서 활동지를 제공하고 있습니다. 한 유닛당 단어 쓰기, 낱말 배열, 그래픽 오거나이저 등을 한 묶음으로 복사하며 워크북을 만듭니다. 북 리포트와 함께 간단하게 지문 내용을 요약할 수 있는 북 마크 등을 첨부하면 좋습니다. 'Canva 워크 시트 템플릿'을 이용하면 손쉽게 활동지를 만들 수 있으니 참고 바랍니다.

중학생을 대상으로 하는 활동지의 경우 한 줄 해석, 해석하기, 빈칸 채우기, 문장 순서 배열하기, 낱말 순서 배열하기, 영작하기 등의 순으로 교과서 워크북을 만들면 효과적입니다.

고등학생을 대상으로 하는 활동지의 경우 '위메북', '와츄노', '부교재나라', '너른터' 등에서 교과서 모의고사 변형 문제를 구할 수 있습니다. 또한, 5개년 모의고사 단어를 학년별로 정리해 시험을 보기 직전 훑어볼 수 있는 단어집을 자체 교재로 만들면 좋습니다.

구할 수 없는 자료 때문에 더 이상 발만 동동 구르지 마세요. '구글 바드', '챗GPT', '젤리랩' 등의 AI와 변형 문제 은행 사이트를 다양하게 활용하세요. 학원의 품격을 높여 줄 열 기출문제집 안 부러운 자체 교재를 만들기 바랍니다.

한 끗이 다른
판서 노하우

학생들과 수업을 할 때면 여러 가지 고민을 하게 됩니다. 어떻게 하면 학생들이 좀 더 집중해서 수업을 듣게 할 수 있을지, 조금 더 효율적으로 강의를 하려면 어떤 방식을 사용하는 것이 좋을지 등 완벽한 답이 없는 고민들이 끊임없이 연속된다는 것을 원장님들은 느꼈을 것입니다.

학생들에게 지식을 전달하기 위해 수업 시간에 사용할 수 있는 가장 강력한 시각적 자극은 바로 판서입니다. 교재의 풀이 과정까지 완벽하게 정리해 프레젠테이션 자료를 미리 만들어 판서 대신 사용하면 훨씬 더 강력한 시각적 자극을 전달할 수 있을 것 같지만 실상은 그렇지 않습니다. 미리 풀이 과정이 모두 보여지는 프레젠테이션 자료는 강의 현장에서 학생들과의 소통을 배제하고, 학생들에게 결과에 대한 풀이 과정을 고민할 수 있는 기회를 빼앗는 것과 같습니다. 즉, 프레젠테이션 자료는 진도 자체는 빠르게 나갈 수 있으나 학생들의 이해도는 오히려 떨어지는 결과를 낳습니다. 따라서 프레젠테이션 자료는 지문이 긴 문제이거나 복잡한 그림 자료가 포함된 문제와 같이 꼭 필요한 부분에 한정적으로 사용하고 학생들과 선생님이 서로 소통을 하면서 판서를 해 나가는 것이 집중력 향상은 물론 이해도도 높일 수 있는 방법입니다.

그렇다면 판서는 어떻게 하면 보다 효과적으로 할 수 있을까요?
첫 번째는 판서하는 자세입니다. 노트에 필기하는 것과 칠판에 판서하는 것은 완전히 다릅니다. 가장 큰 이유는 연필을 쥐는 손 모양과 분필이나 마커를 쥐는 손 모양이 다르기 때문입니다. 노트에 필기하듯 분필이나 보드 마커를 쥐고 판서를 하면 글씨는 깨끗할 수 있겠지만 다른 문제가 생깁니다. 바로 몸으로 칠판을 가린다는 점입니다. 이것은 처음 강의를 시작하는 신규 선생님들이 판서를 할 때 가장 많이 하는 실수로, 판서를 하기 위해 학생이 아닌 칠판을 보는 순간 학생들에게는 등을 돌린 자세가 됩니다. 이 경우 소통이 어려워져 학생들이 학습 내용을 이해하고 있는지 알아차릴 수 없습니다. 또한, 학생들 역시 칠판의 일부분만이 보이는 일이 잦아 집중력이 흐트러지곤 합니다.

따라서 최대한 학생들을 향해 몸을 돌려 글씨를 써야만 학생들이 원장님의 판서를 보는 데 어려움이 없습니다. 이를 '어깨를 연다.', '몸을 연다.'라고 표현하기도 하는데, 최소한 원장님의 시선이 칠판과 나란한 정도로는 몸을 틀어서 판서를 해야 합니다.

두 번째는 판서하는 글씨의 크기입니다. 강의실의 앞뒤 폭에 따라 판서하는 글씨의 크기를 조절해야만 합니다. 글씨가 너무 크면 너무 자주 칠판을 지워야 하고, 글씨가 너무 작으면 학생들이 읽기가 어렵습니다. 강의실의 크기에 맞게 글씨의 크기를 의도적으로 조절해 나가야 하므로 언제나 수업을 듣는 학생들을 기준으로 생각해야 합니다.

첫 수업 시간에 글씨를 몇 개 쓰고, 맨 뒤에 앉은 학생에게 잘 보이는지 확인하는 것이 제일 좋습니다. 그 학생에게 맞춰서 판서를 하면 다른 학생들도 잘 볼 수 있고 선생님의 배려에 감동을 느끼기도 합니다.

한 가지 팁을 드리자면, 대부분의 칠판에는 암선이 있습니다. 보통 폭이 5cm 정도 되므로, 암선 한 칸 정도로 글씨를 쓰면 어느 상황이든 거의 적당한 크기의 글씨가 됩니다. 단, 강의실의 폭이 긴 경우에는 한 칸 반 정도를 기준으로 하면 됩니다.

▲ 정사각형의 희미한 격자무늬가 암선입니다.

세 번째는 손을 칠판에 붙이지 않고 판서하는 것입니다. 익숙해지기 전에는 팔도 아프고 힘들겠지만 손을 칠판에 붙이고 글씨를 쓰게 되면 손을 움직일 수 있는 범위가 좁아지기 때문에 글씨가 작아지는 경우가 많습니다.

네 번째는 칠판에 어떻게 판서를 하는 것이 효율적일지도 미리 구상해 보는 것입니다. 칠판의 모양이 좌우로 아주 긴 경우도 있고, 작은 강의실에서 사용하는 정사각형에 가까운 칠판도 있습니다. 따라서 자신의 학원에서 사용하는 칠판을 기준으로 판서의 영역을 효율적으로 분할하면 훨씬 깔끔하게 판서를 할 수 있습니다. 많이 사용하는 구성은 '개념 → 문제 풀이 → 메모'와 같은 3분할 형식입니다.

그리고 판서를 하면서 자연스럽게 자신의 몸으로 가려지는 가장 오른쪽 가장자리 부분은 숙제나 기타 메모를 해 둡니다. 그러면 지워야 하는 칠판 부분이 적어져서 시간도 절약되고 효율적으로 수업을 진행할 수 있습니다.

▲ 3분할된 판서의 예시

만약 칠판에 직접 연습하고 구성해 보기가 어렵다면 A4 용지를 칠판 비율과 비슷하게 긴 방향으로 반을 접어서 연습을 해 보는 방법을 추천합니다.

마지막으로 판서 구성 시 필기구의 색깔을 다양하게 활용하는 것입니다. 칠판은 흰색 분필, 화이트보드는 검정색 보드 마커가 가장 기본이 되는 색입니다. 그리고 필요에 따라 색깔을 최대한 활용하여 강조하면 좋습니다. 미리 학생들에게도 각각의 색이 어떤 것을 의미하는지 숙지할 수 있도록 해 둡니다. 우리 교실의 약속이 되는 것이지요. 약속이 몸에 익으면 학생들은 자신에게 필요한 부분만 골라서 필기를 할 수도 있고, 중요한 내용을 훨씬 쉽게 파악할 수 있습니다.

판서하는 과정을 영상으로 촬영하면서 연습해 보세요. 판서를 하는 속도, 글씨 크기와 분필 색깔 구성, 앞에 앉은 학생과 소통하는 방법까지 부족한 부분을 찾아내기에 가장 효과적인 방법입니다.

판서의 목적은 '학생들에게 효과적으로 전달하기 위함'입니다. 간혹 판서 자체가 목적이 되어 학생들의 이해와는 상관없는 자기 만족으로 끝나 버리는 경우를 보곤 합니다. 이는 수업이 아니라 단순한 보여 주기식 쇼에 지나지 않습니다.

항상 학생들에게 피드백을 받고, 자신이 수업하는 학생들에게 맞게끔 해나가는 것이 올바른 판서의 방향이라는 것을 염두에 두세요. 수업 전후 십 분씩이라도 판서 연습을 꾸준히 한다면 곧 베테랑 강사처럼 수업을 능수능란하게 지휘하고 있는 스스로를 만나게 될 것입니다.

탈회를 방지하는
베테랑의 기법

매출이 상승 곡선을 그리기 위해 가장 중요한 것은 재학생들이 이탈하지 않도록 잘 지키는 것입니다. 아무리 훌륭한 홍보로 신규 학생을 유입해 왔다고 하더라도 2~3달을 넘기지 못하고 탈회로 연결되고 만다면 수입은 정체될 뿐만 아니라 학원의 이미지도 결코 좋아질 수 없습니다.

"그 학원, 다녀 보니 별 것 없던데…"

이런 소문이 도는 순간, 우리 학원은 수많은 대체재 중 하나일 뿐 'only one'이 될 수 없다는 사실을 명심해야 합니다. 결국 학부모님의 마음을 꽉 잡기 위한 핵심 포인트는 평소에 어떻게 학원 운영을 하느냐는 것입니다.

학원을 운영하다보면 거의 매달 이슈가 발생합니다.
학교에서 치러지는 단원 평가나 정기고사, 수행평가는 물론이고 교과목 관련한 교내 대회, 동아리 과제 등으로 학부모님을 불안하게 하는 여러 가지 문제들이 많습니다. 그뿐만 아니라 학교 교육과 직접적인 관련은 없지만 평균적인 선행 학습의 정도, 새로 나온 문제집, 어젯밤 뉴스에 나온 교육 정책의 변화, 맘카페에 올라온 자녀 교육과 관련한 토론 등 사소한 것까지도 학부모님들을 불안하게 하지요.

대부분의 학부모님들은 이런 이슈를 접할 때마다 원장님에게 일일이 전화해서 물어보지 못합니다. 학부모님이 불안함으로 원장님에게 상담을 요청하는 경우는 열 번 고민하다 겨우 용기내어 한 번 실행에 옮겼을 가능성이 높습니다.

물론 한 번의 상담 기회가 왔을 때 완벽하게 대처하고 불안한 학부모님의 마음을 풀어주는 것도 좋습니다. 하지만 학부모님에게 더욱 믿음과 감동을 주는 것은 시기적절하게 먼저 학부모님에게 연락을 드려 '어떻게 내 마음을 알고 적절한 시기에 연락을 주셨을까!'하는 생각이 들게끔 만드는 것입니다. 이렇게 쌓은 원장님의 대한 믿음과 확신은 한두 번의 실수에도 신뢰를 지켜주는 방어선 역할을 하게 됩니다.

"성적이 60점이던 학생을 90점으로 올려놨는데 이번에 더 큰 학원으로 옮긴다고 연락이 왔네요. 속상해요."

학원장 커뮤니티에서는 이런 이야기가 꾸준히 올라오곤 합니다.
학원의 본질이라고 할 수 있는 '좋은 성적'을 거두는 데 성공했음에도 불구하고 기존 학원에 만족하지 못하고 떠나는 것은 꽤 뼈아픈 일입니다.

그런데 왜 이런 일들은 반복되는 것일까요? 이유는 간단합니다. 학생이나 학부모님이 좋은 결과가 이 학원의 덕이 아니라고 생각했기 때문입니다. 평소 학원에서 학생들을 위해 어떤 노력을 기울였는지, 얼마나 세심하게 챙겼는지, 시험이나 과목에 대한 분석을 어떻게 해 왔는지를 학부모님이 전혀 모른다면 '좋은 성적은 우리 아이의 노력 때문이지 원장님의 도움 때문이 아니야.'라는 생각을 할 수도 있습니다. 이러한 결과는 원장님이 학생에게 쏟은 노력과 정성을 학부모님이 전혀 몰랐으니 어쩔 수 없는 것입니다.

결국 학원장 커뮤니티에서 시험이 끝날 때마다 보이는 앞의 말의 본질은 평소에 원장님이 학부모님과의 관계를 어떻게 유지하느냐가 왜 중요한지를 보여주는 예시입니다.

그렇다면 평소 학부모님과의 유대감은 어떻게 쌓을 수 있을까요?

1) 정보를 제공하라.

학부모님에게 평소에 새로운 교육 정보가 담긴 자료를 제공해 드린 적이 있나요? 정보를 구할 수가 없다고요? 포털사이트, 블로그, 유트브 검색 등으로 학생에게 도움이 될 만한 최신 교육 정보를 다양하게 얻을 수 있습니다. 일주일에 한 번씩 시간을 정해 두고 정보를 찾아 정리하여 우리 학원만의 자료로 만들어 둔다면 든든한 자산이 됩니다.

이 자료를 토대로 가정통신문을 발송해도 좋고, 평소에 학부모님이 궁금해하던 것은 블로그에 포스팅한 뒤 링크를 보내는 것도 훌륭한 방법입니다.

학생이 진학하게 될 상급 학교에 대한 정보는 언제나 인기 있는 자료이며, 학생의 학습 습관을 찾거나 가정에서 쉽게 따라 할 수 있는 학습 서포트 방법도 관심도가 높은 자료입니다.

▲ SNS 카드뉴스형 자료 제공

이런 자료들을 지속적으로 제공하거나 블로그 등을 통해 외부 학부모님들이 볼 수 있도록 게재를 하는 것은 탈회를 방지하는 것을 넘어 원장님의 전문성과 교육에 대한 열정을 보여 줄 수 있는 좋은 기회가 되기도 합니다.

2) 재원생의 변화를 기록하라.

재원생의 변화 모습에 대해 기록을 남기거나 어떤 학생을 생각하며 수업을 준비하고 있는 모습을 정리해 보세요. 이때 재원생의 자료는 한 명씩 파일화해 두는 편이 관리가 용이합니다.

매달 혹은 분기나 학기별로 학생의 변화 모습을 안내문으로 만들어 발송하는 것도 좋은 방법입니다.

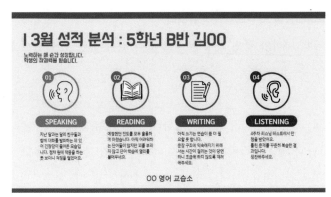

▲ 실력의 변화를 알려주는 안내문 예시

사실 모든 원장님들은 수업을 준비하며 학생들에 대한 생각을 하고 있지만 그 과정을 학생과 학부모님이 볼 수 있도록 공개하는 경우는 쉽게 찾아보기 어렵습니다. 특별한 것을 보여야 한다는 생각으로 부담감을 가질 필요가 없습니다.

평소 영어 듣기에서 늘 고전하는 학생을 위해 그 학생만을 위한 듣기 평가 과제를 따로 내어주거나 선수 학습 내용에 구멍이 생겨 현재 진도를 잘 따라오지 못하는 학생을 위해 보충 수업을 준비하고 진행하는 과정을 그대로 보여주는 것으로 충분합니다.

학생들은 생각보다 학원에서 일어난 일과 원장님이 자신에게 쏟은 관심을 집으로 전달하지 않습니다. 원장님의 정성은 스스로 어필하는 것이 기본이라는 사실, 꼭 명심하세요.

3) 수업의 내용을 학부모님과 공유하라.

"혹시 우리 아이가 학원 가방만 들고 왔다 갔다 하는 건 아닐지 불안해요."

학부모님의 가장 큰 걱정 중 하나입니다. 아무리 유명하고 잘 가르치기로 소문이 난 선생님과 학원이라고 해도 우리 아이가 제대로 배우고 있는지 걱정스러운 것이지요. 그러니 정기적으로 수업의 내용을 학부모님과 공유하는 것은 필수입니다.

학생의 나이가 어릴수록 수업 내용으로 학부모님과 소통을 자주 하는 것이 좋습니다. 공식적인 시험이 없는 유치 · 초등부는 실력의 향상을 수치로 보는 것이 어렵기 때문입니다.

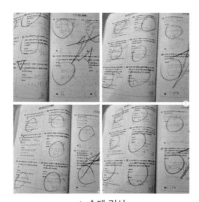

▲ 숙제 검사

▲ 백지 복습

거창한 것이 아니어도 괜찮습니다. 학생들이 행복하게 공부하는 사진, 선생님의 질문에 대답하거나 숙제를 하는 모습, 자신있게 발표하는 모습, 간단한 퀴즈의 결과, 사용하는 교재와 진도 상황 등과 같이 사소한 것이라도 좋습니다. 예쁘게 찍힌 사진도 없고 대단한 변화가 없어도 괜찮습니다. 오히려 작은 것에 집중할수록 '선생님이 우리 아이를 눈여겨보고 계시는구나.'하는 안심이 학부모님의 마음에 자리하게 될 겁니다.

학부모님께 어떻게 연락을 드려야 할지 모르겠다면?

- 보충이 있을 때는 학부모님께 꼭 고지하고, 보충의 간략한 내용과 취지를 설명해 주세요.
- 학생의 학습 모습에서 칭찬할 부분이 있다면 집중하는 사진을 찍은 뒤 간단한 코멘트를 달아 전달하거나 학생과의 대화 내용을 인용해 주세요.
- 학습 전후의 달라진 모습이 확실하다면 사진과 함께 보관된 파일을 전달해 학생의 달라진 성장 모습을 비교하세요.
- 학생들을 위한 이벤트를 연다면 준비 과정과 진행사항을 공유하고 학생들이 기뻐하는 모습을 보여주세요.
- 학생의 미숙한 부분도 냉정하게 전달하고 그때는 반드시 해결의 방향성을 같이 제시해 주세요.
- 학생에 대한 평가가 들어갈 때는 반드시 점수가 아닌 과거의 모습과 현재의 모습을 비교해서 전달해 주세요.

한 단계 뛰어넘기 ❶
개인 과외 선생님에서 공부방 원장으로

"아이고, 실제로 과외하는 시간보다 이동하는 시간이 더 걸리는 것 같네."

"아무래도 여기 원장님과 내가 추구하는 방향이 다른 것 같은데…"

"더 많이 일해도 좋아. 하지만 수익이 더 많았으면 좋겠어."

학원 소속의 강사, 혹은 학생들의 집에 방문하여 수업을 하는 방문 과외 선생님들이 이런 생각이 들 때면 슬슬 본인만의 교습 공간이 필요해진 시점으로 볼 수 있습니다.

교육 서비스의 형태는 법적으로 공부방(개인 과외 교습자), 교습소, 학원으로 크게 세 가지로 나눌 수 있습니다. 하지만 방문 과외 또는 학원 강사에서 교습소 또는 학원으로 바로 진입하는 것은 위험 부담이 큽니다. 교습소나 학원은 상가 건물을 임대 혹은 매매해야 하고 인테리어나 관리비 등 시작을 위해 필요한 비용도 수천만 원에서 수억 원이 드는 일이기 때문입니다.

매달 필요한 고정 비용 자체가 평균적인 강사 월급 혹은 방문 과외 선생님의 수입과 비교했을 때 만만치 않은 수준입니다. 따라서 운영에 대한 경험이 없는 선생님들은 비용 압박이나 손익을 마이너스에서 플러스로 빠르게 바꿔야 한다는 생각에 자신의 교육관을 고수하지 못하고 잘못된 결정을 내리기도 합니다.

그렇기 때문에 '나만의 수업 공간'을 갖기를 원하는 시점이 된다면 우선 제약 조건이 적고 유지 비용이 저렴한 공부방으로 시작하는 것을 추천합니다.

공부방을 차리기로 마음먹었다면, 다음 상황을 고려하여 준비를 해 보도록 합시다.

1) 방문 과외 선생님에서 공부방 원장으로

학생들의 집으로 직접 방문하는 형태의 방문 과외 선생님들이 공부방을 차릴 때 가장 먼저 고려해야 할 것은 바로 기존 과외 학생들을 얼마나 공부방으로 유도할 수 있을 것인가 하는 문제입니다.

방문 과외를 하며 학생들과 충분한 신뢰를 쌓았다고 해도 과외 학생이 공부방으로 100퍼센트 유입되지는 않는 것이 현실입니다. 방문 과외는 선생님이 직접 학생을 찾아가는 서비스를 제공하는 것으로, 이를 선호하는 학생과 학부모님은 거리와 시간을 아끼고자 하는 경우가 많습니다. 즉, 기존 방문 과외 학생들을 놓치지 않기 위해 무리해서 근처에 있는 빌라 혹은 아파트를 임대·매매하여 공부방을 차린다고 하더라도 학생들을 고스란히 흡수하기 어려울 수 있다는 점을 기억합니다. 1:1 방문 과외를 원하는 학생은 그룹 수업을 감수하고도 직접 이동하면서 학습하는 학생과 전혀 다른 타입의 소비자라는 것을 이해해야 합니다. 그렇다면 공부방의 위치를 기존 학생들의 집 주변으로 결정하는 것이 능사가 아님을 알 수 있을 것입니다.

공부방 개원 후 수업의 밀도가 높아진다는 것도 염두에 두어야 하는 일입니다. 방문 과외는 특성상 한 타임에 한 명의 학생 혹은 소수 인원의 학생들을 관리합니다. 수업을 하다 보면 학생이 문제를 풀거나 암기를 하는 등의 시간이 필요하기 마련이므로 자연히 수업의 밀도는 떨어지지만 선생님이 상대적으로 쉴 수 있는 시간이 나오는 것이지요. 그러나 공부방은 한 타임에도 다수의 학생들을 관리해야 하기 때문에 그룹 수업의 경험이 적은 선생님들은 적응하는 데 시간이 필요할 수 있다는 것을 알아야 합니다. 따라서 개원 처음부터 정원이 다 차지 않았다고 하더라도 조금씩 여유를 가지면서 신규 수강생을 점차적으로 유입해 그룹 수업에 대한 경험을 쌓는 것이 좋습니다. 틈틈이 판서 연습 시간, 학부모님 상담 시간, 숙제 확인 시간 등도 마련함으로써 수업 시간에 방해받지 않도록 시간 관리하는 것도 필요합니다.

2) 학원 출강 강사에서 공부방 원장으로

학원에서 수업을 하고 있는 강사들의 경우, 방문 과외를 하는 선생님들에 비해 강의실 수업에 익숙하신 편이라 여러모로 수월한 면이 있습니다. 하지만 역시 주의해야 할 것들도 몇 가지 있습니다. 방문 과외와 마찬가지로 공부방의 위치 선정에 신경 써야 할 것들이 많습니다.

강사가 출강하던 학원에 사표를 내고 인근에 위치한 지역에 공부방을 차릴 경우, 기존 학원으로부터의 비난을 피하기는 어렵습니다. 법적 효력에 대해서는 이야기가 많지만, 일부 학원은 처음 계약서를 작성할 때 '학원 퇴사 후 몇 년간 반경 몇 km 내에는 창업하지 않는다.'는 조건을 걸기도 합니다. 이런 이유로 운영하고자 하는 공부방의 위치가 기존 학원과 지나치게 가깝다면 신중해야 합니다. 수요층이 완전히 다르다는 것을 미리 피력하거나 혹은 기존 학원의 학생들을 받지 않는 등의 장치를 마련한다면 오히려 기존 원장님들에게 조언을 얻을 수도 있으니 슬기롭게 대처하기 바랍니다.

또, 학원에서 강의를 하던 선생님들은 상대적으로 학부모님과의 상담을 어려워하는 경우가 있습니다. 담임 강사로 일하며 학생들의 성취 사항에 대한 정기 상담을 진행하기도 하지만 기본적으로 입회나 탈회 시 상담은 원장님의 몫인 학원이 많습니다. 잠재 고객을 진짜 고객으로 만들기 위한 상담과 기존의 고객을 이탈하지 않도록 하는 상담은 전혀 다른 방식과 기법이 필요하니 상담도 연습이 필요하겠지요? 앞서 언급했던 '❷ 상담 성공률 100%, 입회를 부르는 상담의 기술'의 내용을 잘 복습해 보기 바랍니다.

공부방, 이런 아이템이 있으면 좋아요!

품목	선배 원장님의 추천 이유
복합기	처음부터 복사나 스캔이 되는 것을 구입하는 것이 좋습니다. 렌트비를 아끼기 위해 인쇄만 되는 저가형을 샀다가 낭패를 보고 결국 복합기 대여를 추가하는 경우가 많거든요. 시험지나 교재 복사, 성적표 스캔 등 공부방에서 복합기는 필수입니다!
정수기	생수를 드실 거라고요? 아이들은 생각보다 물을 많이 찾아요. 게다가 목 관리는 강사의 숙명! 따뜻한 차는 원장님의 목 건강뿐 아니라 학부모님과의 상담 분위기도 풀어 주는 효자 노릇을 하니 꼭 온/냉 정수기를 설치해 놓으세요.
스탬프 (도장)	멋들어진 사인도 좋지만 공부방의 로고나 이름, 전화번호가 함께 나오는 스탬프는 두고두고 활용성이 높아요.
우산 꽂이	비가 오는 날, 현관 앞이 물로 흥건해지는 불상사를 피하기 위해선 미리미리 준비합니다.
파티션	공부방은 원칙적으로 선생님이 거주하는 주거지에서 운영해야 합니다. 즉, 생활 공간과 수업 공간이 명확하게 분리되지 않아요. 이럴 때, 개인적인 프라이버시를 지키고 싶다거나 생활감이 가득한 공간을 감추고 싶다면 파티션으로 분리하시는 것도 좋습니다. 파티션은 게시판이 되기도 하니 용도가 아주 다양합니다.
신발 정리대	학생 대여섯 명이 들어오면 신발장에 신발이 너무 많아 난잡해 보이고, 나중에 본인 신발 찾는 데에도 어려움이 생깁니다. 차곡차곡 스스로 정리할 수 있도록 안내해 두면 매우 유용합니다.
종이컵 홀더와 종이컵 수거기	공부방 혹은 학원에 정수기를 놓았다면 필수품 중 하나에요. 머그컵을 놓고 여러 번 쓰게 하면 위생상 좋지도 않고, 그때마다 설거지를 해야 하므로 많이 번거롭습니다. 위생과 편리함으로 종이컵을 사용하는 것이 좋습니다. 이때 종이컵 수거기는 꼭 구비하세요. 생각보다 쓰레기의 부피가 커서 일반 쓰레기통은 금방 차 버리거든요.
소형 자석 칠판	유치 · 초등부 선생님들에게 특히 추천합니다. 아이들에게 소형 자석 칠판을 나누어 주고 골든벨 같은 퀴즈를 내거나 연습장 대용으로 쓰기도 해요. 간단한 테스트에도 쓸 수 있으니 활용도는 아주 좋습니다.

한 단계 뛰어넘기 ❷
공부방 원장에서 교습소 원장으로

공부방을 운영하다 보면 어느 순간 '나만의 수업 공간'에 대한 욕구가 커지기 마련입니다. 주거지에서 운영해야 하는 공부방(개인 과외 교습자)은 사생활과 수업이 분리되는 것이 필연적으로 어렵기 때문이지요. 특히, 결혼을 해서 배우자가 있거나 자녀가 있는 경우라면 수업만을 위한 공간은 점점 더 절실해지곤 합니다. 하지만 바로 큰 규모의 학원으로 확장을 하기에는 아직 시기상조로 여기는 원장님들이 많습니다. 일과 생활을 분리한다는 것이 반드시 사업 규모를 키우고 싶다는 뜻은 아니니까요.

이런 원장님들은 학원보다는 교습소를 눈여겨볼 필요가 있습니다. 학원과 달리 교습소는 1인 강사 체제(원장 직강 방식)입니다. 단, 수업이 아닌 행정적인 업무를 도와줄 수 있는 직원은 1인에 한해 채용할 수 있습니다. 학부모님을 맞이하거나 학생들의 등하원을 도우며 서류를 정리하고 홍보를 전담하는 등의 일을 하는 행정 직원이 생긴다면 자연스럽게 원장님은 수업에만 집중할 수 있는 구조가 될 수 있습니다. 물론 행정 직원 없이 원장님 혼자서도 충분히 운영이 가능하므로 행정 직원 유무에 큰 부담을 가지실 필요는 없습니다.

교습소는 학원과 달리 허가를 받기 위한 강의실의 최소 면적 기준이 없습니다. 즉, 10평 이하의 작은 상가에도 오픈할 수 있습니다. 따라서 학원과 비교하면 상대적으로 고정 비용이 매우 적으므로 사업 규모는 적정선에서 유지하되 사생활을 보장받고자 하는 원장님들에게는 굉장히 매력적인 대안이 될 수 있습니다.

그렇다면 공부방에서 교습소로 확장하기 위해서는 어떤 점을 염두에 두어야 할까요? 제일 먼저 공부방에서 교습소로 변경할 때, 외적으로 가장 크게 변하는 것은 '내가 세상에 공개된다.'는 점입니다. 공부방의 경우 주거지에 위치하기 때문에 원장님이 원하는 정보만을 제한적으로 오픈하는 것이 가능합니다. 예를 들어 홍보를 하더라도 우리 아파트 단지 내에서만, 상담을 하더라도 확실한 등록 의사가 있는 학부모님과 학생들에게만 정확한 주소를 가르쳐 줄 수도 있지요.

반면에 교습소는 상가 지역에 위치하기 때문에 불특정 다수에게 공간이 공개됩니다. 공부방에서는 거의 마주치기 어려웠던 '워킹 상담'이 빈번해지는 것이 대표적입니다. 또한, 공부방과는 달리 교습소부터는 교습비를 학원 외부에 반드시 부착해야 한다는 것과 누구라도 지역 교육청 홈페이지에 접속하여 신고 번호, 교습비, 상호, 연락처 등을 확인할 수 있다는 것도 달라지는 점입니다.

불특정 다수에게 공개된다는 것은 곧 다른 학원 및 교습소와 비교가 용이 해진다는 뜻과 일맥상통합니다. 특히, 학원 이동 시기가 되면 날을 잡아 하루종일 학원가를 쭉 돌아보는 학부모님이 많습니다. 여러 곳을 방문하여 정보들을 비교하다 보면 자연스럽게 각 항목에 따른 우열이 정리되겠지요? 그렇기 때문에 교습소로 첫 확장을 준비하고 계신 원장님들이나 교습소로 첫 시작을 내딛고자 하는 예비 원장님들은 '절대평가'가 아닌 '상대평가'에 익숙해지는 것이 우선입니다. 모든 면에서 경쟁 학원이나 교습소보다 우위에 설 수는 없지만 누구에게도 지지 않을 만한 핵심 요소를 만드는 것이 중요합니다.

나의 교습소는 상대적 우위를 점할 수 있는가?

	체크해 보세요.	예	아니오
Q1	체계적인 홍보 활동으로 끊임없이 교습소가 이곳에 있음을 알릴 수 있다.	☐	☐
Q2	특정 학교나 학년을 전문적으로 타깃팅하여 맞춤 정보를 제공할 수 있다.	☐	☐
Q3	학습 능률이나 성과가 누구에게도 뒤지지 않을 자신이 있다.	☐	☐
Q4	올바른 교육 방법을 통해 무너지지 않을 순매출액을 만들 수 있다.	☐	☐
Q5	Q4에서 대답한 최소 순매출액을 달성하기 위해서 유지해야 하는 학생 수는 몇 명인지 곧바로 대답할 수 있다.	☐	☐
Q6	학생들이 재미있어 하고 오고 싶어 하는 학원을 만들 수 있다.	☐	☐
Q7	학부모님이나 학생과 신뢰 관계를 형성하고 믿음을 줄 수 있다.	☐	☐
Q8	끊임없는 이벤트로 학생들의 흥미를 이끌어 낼 수 있다.	☐	☐
Q9	저렴한 교습비로 학부모님의 부담을 덜어줄 수 있다.	☐	☐

Q10	우리 지역에는 없는 학습 방법이나 프랜차이즈를 도입했거나 도입할 예정이다.	☐	☐
Q11	다양한 교구, 수업 방식을 통해 지루하지 않은 학습을 도모할 수 있다.	☐	☐
Q12	꼼꼼한 관리와 학습 분위기 조성으로 학생들의 학습 목표에 집중할 수 있다.	☐	☐
Q13	기타: ( )	☐	☐

모든 항목에 '예'라고 답하지 못해도 괜찮습니다. 모든 콘셉트를 만족하는 학원은 상상 속의 유니콘과 같은 존재니까요. 하지만 자신있게 '예'를 선택한 항목이 6개 이하라면 운영에 대한 가이드라인을 다시 한번 더 점검해보는 것이 좋습니다.

여기에 또 하나 신경 써야 하는 문제가 있습니다. 공부방은 상대적으로 학부모님의 이해의 범위가 넓습니다. 약간의 아마추어 같은 모습이나 정돈되지 않은 모습도 크게 흠이 되지 않지요. 하지만 교습소부터는 학부모님이나 학생들도 편안한 분위기 속에 이루어지는 과외 혹은 그룹 수업이라기보다는 보다 체계화된 학원이라는 인식을 가지기 때문에 보여지는 부분도 간과해서는 안 됩니다. 여기서 보여지는 부분이란 원장님의 외적인 모습, 학습 공간 조성, 상담 스킬 등이 모두 포함됩니다.

실제로 어떤 원장님은 교습소 앞 복도나 엘리베이터, 계단 등을 꾸미거나 쉬는 날에도 간판의 불을 켜 놓기도 합니다. 학생들이 수업하는 강의실이나 대기 장소, 상담실 등도 언제나 학부모님이 볼 수 있다는 생각으로 정리된 상태를 유지하고 문제집과 같은 학습 자료도 늘 최신의 것으로 바꿔서 유지하기도 합니다.

외모 역시 마찬가지입니다. 멋지고 화려하게 꾸미라는 것이 아니라 단정하게 갖춰 입을 필요가 있다는 뜻입니다. '옆집 엄마', '동네 삼촌'이 아니라 우리 아이의 교육을 책임지는 전문가라는 인상을 줄 필요는 있으니까요. 심리학에서는 이를 초두효과라고 합니다.

초두효과란?

> 가장 먼저 얻은 정보나 인상을 나중에 알게 된 정보나 인상보다 훨씬 더 강력하게 기억하고 그것이 사고에 영향을 미친다는 현상으로, 인간관계에서 첫인상이 중요한 이유를 설명한다.

아무리 뛰어나고 경력이 많은 원장님이라고 하더라도 첫인상이 지나치게 친근하거나 어수선한 분위기의 강의실이 학부모님의 눈에 먼저 들어온다면 전문가로서의 권위를 세우기란 쉽지 않습니다. 결국 공부방에서 교습소로 확장을 원하는 원장님이라면 '나는 세상에 공개될 준비가 끝났는가?'를 자문해 보아야 합니다.

한 단계 뛰어넘기 ❸
교습소 원장에서 학원 원장으로

공부방 혹은 교습소와 학원의 가장 큰 차이는 바로 강의를 하는 강사를 고용할 수 있느냐, 없느냐의 차이입니다. 원장님 외 다른 강사가 있다는 것은 곧 여러 과목을 가르칠 수 있는 종합 학원으로 나아간다거나 학생들의 실력이나 학교, 진도별 커리큘럼을 보다 세분화하여 관리할 수 있다는 장점을 가집니다.

1인 강사 체제인 공부방이나 교습소와는 달리 강사 채용이 자유로운 학원은 여러 선생님들과 상부상조하며 매출의 안정화를 노려볼 수도 있습니다. 결국 교습소에서 학원으로 확장한다는 것의 핵심은 수업 공간의 평수가 넓어지는 것이 아니라 어떻게 강사를 잘 관리할 것인가 하는 문제입니다.

"강사 관리가 학생 관리보다 훨씬 더 힘들어요."

많은 학원 원장님들이 한숨을 쉬는 이유는 바로 이 부분 때문입니다. 학원 강사의 고용 형태는 크게 비율제와 급여제로 나뉩니다. 급여제는 다시 월급제와 시간제로 구분됩니다. 근속 기간이 짧은 고용 형태는 시간제와 비율제입니다.

1) 시간제 강사

일반적으로 파트 강사(파트타임 강사)로 분류됩니다. 주 5일 출근이 아닌 주 2~3회 출근이나 풀타임 강의가 아니라 하루 5시간 내 근무 조건이 많습니다. 조교, 보조 강사, 클리닉 강사도 대부분 여기에 속합니다.

직장이라는 생각보다는 아르바이트 정도로 여기기 때문에 상대적으로 채용과 퇴사가 모두 빈번하게 이루어집니다. 문제는 학원 업무는 한 사람이 그만두었을 때, 다른 사람의 일이 늘어나는 것으로 해결될 수 없는 구조적인 문제가 있다는 것입니다.

시험 기간이 되면 A, B, C 강사는 모두 자신이 맡은 반의 학생들을 책임지며 바쁘게 움직입니다. 그런데 예고 없이 A 강사가 그만둔다고 하면 단순히 B, C 강사가 퇴근 시간을 늦추거나 앞당김으로써 해결하기가 어렵습니다.

학원은 다른 업종과는 달리 운영 시간이 제한되어 있습니다. 학생들이 학교를 마치는 시간부터 수업이 가능하고, 밤늦은 시간에는 대부분의 지역이 '심야 교습 제한'을 하고 있는 탓에 더 많은 시간을 가르치고 싶어도 가르칠 수가 없는 것이지요.

따라서 학원 내 모든 강사를 파트 강사로 고용한다면 시험 기간이나 방학 등 중요한 시기마다 강사들이 혹시나 그만두지는 않을까 하며 전전긍긍하게 될지도 모릅니다. 시험 대비나 방학 특강이 가능한 메인 강사들의 고용 안전성을 보장해야 하는 현실적인 이유이기도 합니다.

또, 시간표를 짤 때부터 혹시라도 갑작스러운 퇴사가 있을 경우를 대비하여 원장님의 시간표는 여유롭게 두는 편이 좋습니다. 비어 있는 1~2개 타임은 당장은 매출로 연결되지 않으니 손해로 여겨지겠지만 학원에 위기가 생길 때 구원 투수가 되어 줄 것입니다.

게다가 평소에는 빈 타임을 활용하여 보충 수업이나 심화 수업을 진행하며 학생들을 철저히 관리하면서 학습 능률을 올리고 만족도를 확보할 수도 있으니 일석이조의 효과를 가집니다.

2) 비율제 강사

비율제 강사는 자신이 달성한 매출에 따라 수입이 달라지므로 보다 적극적으로 수업에 임하며 스스로를 홍보하는 역량 또한 높은 경우가 많습니다. 수업 연구뿐만 아니라 자발적인 추가 학습을 지도하기도 하지요. 하지만 좋은 점만 있는 것은 아닙니다. 학원 매출의 많은 부분을 차지하는 인건비 높은 비율제 강사가 퇴사를 하면 학원이 휘청거릴 정도의 타격을 입을 가능성이 매우 큽니다.

이것을 방지하기 위해 원장님이 취할 수 있는 방법은 크게 두 가지가 있습니다.

첫 번째는 비율제 강사의 학생이라고 해도 학생과 학부모님의 최종적인 상담은 원장님이 해야 합니다. 이것은 학생의 상황과 문제점, 성향 등을 원장님이 파악하고 있음을 보여주기 때문에 기존 강사의 퇴사 이후에도 학생의 학습 연속성에는 문제가 생기지 않고 수업을 이어 나갈 수 있다는 확신을 줄 수 있습니다.

두 번째는 학원 자체의 핵심 콘텐츠를 개발해야 합니다. 체계화된 수업 분화도 좋고, 자체 교재 사용이나 특강 활용, 테스트 시스템 등 활용할 수 있는 것은 무궁무진합니다. 우리 학원의 가장 큰 장점이 강사가 아니라 학원 자체에 있다는 것을 학부모님에게 각인시킨다면 강사에 대한 의존도를 낮추며 안정적인 매출 관리를 할 수 있습니다.

학원에서 강사의 중요도는 매우 높습니다. 따라서 평소에 좋은 관계를 유지하고 서로에 대해 이해하고 존중하는 것은 필수입니다. 하지만 사업적 성공을 위해서라면 한 단계 더 뛰어넘어 대안을 미리 마련해 두고 준비하는 자세가 필요합니다.

지역별 학원 및 교습소 심야 교습 제한

서울	밤 10시 이후 수업 금지
경기	밤 10시 이후 수업 금지
인천	초등: 밤 9시 이후 수업 금지 중등: 밤 10시 이후 수업 금지 고등: 밤 11시 이후 수업 금지
대구	밤 10시 이후 수업 금지

부산	초등: 밤 10시 이후 수업 금지 중등: 밤 10시 이후 수업 금지 고등: 밤 11시 이후 수업 금지
울산	밤 12시 이후 수업 금지
경북	초등: 밤 9시 이후 수업 금지 중등: 밤 11시 이후 수업 금지 고등: 밤 12시 이후 수업 금지
경남	초등: 밤 9시 이후 수업 금지 중등: 밤 11시 이후 수업 금지 고등: 밤 12시 이후 수업 금지
대전	초등: 밤 10시 이후 수업 금지 중등: 밤 11시 이후 수업 금지 고등: 밤 12시 이후 수업 금지
충남	초등: 밤 9시 이후 수업 금지 중등: 밤 11시 이후 수업 금지 고등: 밤 12시 이후 수업 금지
충북	초등: 밤 10시 이후 수업 금지 중등: 밤 11시 이후 수업 금지 고등: 밤 12시 이후 수업 금지
광주	밤 10시 이후 수업 금지
전남	초등: 밤 10시 이후 수업 금지 중등: 밤 10시 이후 수업 금지 고등: 밤 11시 50분 이후 수업 금지
전북	초등: 밤 9시 이후 수업 금지 중등: 밤 10시 이후 수업 금지 고등: 밤 11시 이후 수업 금지
강원	초등: 밤 10시 이후 수업 금지 중등: 밤 11시 이후 수업 금지 고등: 밤 12시 이후 수업 금지
제주	초등: 밤 9시 이후 수업 금지 중등: 밤 11시 이후 수업 금지 고등: 밤 12시 이후 수업 금지

※ 위반 시간과 횟수에 따라 최대 학원 등록 말소 처분됩니다.

※ 지역, 시기마다 상이하므로 해당 지역 교육청을 통해 반드시 확인하세요.

교습소와 학원, 이런 아이템이 있으면 좋아요!

품목	선배 원장님의 추천 이유
냉장고	현대 생활에 꼭 필요한 물건임은 학원에서도 마찬가지입니다. 강사들이 가져온 간식을 보관하기도 하고, 학생들이 가져온 개인 간식을 보관하려면 냉장고는 필수입니다.
빔 프로젝터	국어 · 영어 선생님의 경우 칠판에 지문을 하나하나 쓰지 않아도 되고, 수학 선생님의 경우 도형을 직접 그리지 않아도 되므로 수업 속도가 빨라지는 장점이 있습니다. 하지만 가격이나 성능이 천차만별이므로 고르기 쉽지 않습니다. 여유가 된다면 고사양의 기계를 써도 좋지만, 밝기가 4,000안시 루맨 이상만 되면 제법 괜찮은 편입니다. (화질은 svga, xga, wxga 순으로 좋지만 영상 재생용이 아니므로 svga 혹은 xga로도 충분합니다.)
상비약	소화제, 두통약, 소독약, 밴드 등을 꼭 구비해 두고 필요한 학생들에게 나눠 주세요. 아픈 학생을 데리고 억지로 수업을 하게 되면 그 학생에게로 신경이 쏠려 수업에 집중하기 어려워집니다. 또한, 학생이 조퇴하게 되면 나중에 보강을 잡아야 하는 문제가 발생할 수 있으므로 상비약은 종류별로 넉넉히 구비해 두세요.
충전기	고학년들은 스마트폰과 태블릿 pc를 동시에 가지고 다니기도 합니다. 기종에 따라 충전 단자가 다르므로 이왕이면 여러 종류의 충전기를 모두 구비하되, 분실의 위험이 있으니 선생님의 눈에 항상 들어오는 곳에 충전기를 두는 것을 추천합니다. 충전하는 동안에는 학생이 스마트폰을 쓸 수 없도록 하는 효과도 있습니다.
무선 에어 건	학생들이 책상에서 공부를 하고 나면 생기는 지우개 가루 등을 치우거나 구석의 먼지를 청소할 때 유용합니다.
홈 CCTV	CCTV를 장착하기 부담스럽거나 1~2대 정도의 설치만 필요한 경우에는 홈 CCTV를 이용합니다. 스마트폰으로 제어 · 관리가 가능하고, 녹화할 경우에는 micro SD 카드를 이용할 수 있습니다. 렌탈처럼 유지비가 들지 않으며 초기 비용만 투자하면 되니 경제적입니다.
입식 책상	교탁으로도 사용할 수 있고, 졸린 학생들이 뒤에서 서서 수업을 듣는 용도로 사용할 수 있습니다. 특히, 늦은 밤 수업을 하는 고학년들이 유용하게 사용합니다.
제본기	내신 대비 혹은 특강 등 자체 교재를 제작하거나 학생들에게 나눠줄 유인물이 많은 수업을 계획하는 원장님이라면 제본기는 반드시 구비해야 합니다.
롱 스테이플러	제본기까지는 부담스럽다면 롱 스테이플러를 추천합니다. 간단하게 소책자를 만들 수 있어서 크게 힘들이지 않고 얇은 교재를 만들 수 있습니다.

PART 5

솔직담백한 Q&A

베테랑 원장님들의 학원 운영 꿀팁

Q1

수강료를 밀리지 않고
관리하는 방법이 있을까요?

개원을 한 지 6개월쯤 된 A 원장님은 며칠째 통장만 바라보고 있습니다. 초반에 공격적인 홍보와 체계적인 상담, 정성을 다한 수업으로 다행히 학생들이 만족할 만큼 모였는데 이상하게도 통장엔 자꾸 비는 금액이 생깁니다.

'벌써 보름이나 지났는데…'

무려 4~5명이나 되는 학생들이 수강료를 내야 하는 일자가 지났음에도 아무런 말이 없습니다. 모두 합하면 학원 임대료와 관리비를 내고도 남을 만한 금액이기에 스트레스는 점점 커지는 중입니다. 하지만 무턱대고 학부모님에게 전화나 문자를 남기기도 쉽지는 않습니다.

'혹시나 기분 나빠 하면 어쩌지?'

돈 얘기를 직접 꺼냈다가 학부모님이 민감하게 반응할까 조심스러운 마음이 싹틉니다. 예전에 근무하던 학원의 원장님이 밀린 수강료에 대해 이야기를 꺼냈다가 '사는 게 바빠서 며칠 깜빡했는데 아이를 돈 떼먹은 사람 취급하지 뭐예요? 아이가 상처 받았을까봐 속이 부글부글 끓네요.'라는 저격글이 지역 온라인 카페에 올라오는 바람에 학원이 발칵 뒤집혔던 것을 본 경험이 있기 때문입니다.

이러지도 저러지도 못하고 혼자 끙끙 앓고 있는데 회사원인 남편은, '뭘 그리 심각하게 생각해? 그냥 돈 달라고 하면 되지.' 하고 속 편한 소리나 하고 있습니다.

많은 원장님들이 이런 고민을 가지고 있습니다. 오죽하면 수강료에 대한 내용이 학원, 교습소, 공부방 원장님들의 커뮤니티에서 자주 보이는 질문 TOP 10에 선정되기도 했을까요. 수강료는 학생과 원장님 사이의 약속입니다. 월세, 직원 월급, 교재비나 프랜차이즈 비용, 종이나 문구류 등 소모품 사용비, 고정적으로 나가는 대여비, 기타 잡비 등 정상 운영을 위해 고정적으로 지출되어야 하는 비용이 있으니 이 약속이 무너지면 학원 운영은 곤란한 상황에 직면하지요. 무엇보다 돈 이야기를 꺼내는 것이 교육인으로서의 자신의 가치를 깎아내리는 기분도 든다고 고백하는 원장님들도 많습니다. 하지만 교육 사업자로서 피할 수만은 없습니다. 어떻게 하면 얼굴 붉힐 걱정 없이 수강료 수납을 유도할 수 있을까요?

1) 수강료 원칙에 대해 미리 안내하기
입회 상담 시, 수강료의 선납 원칙 등을 반드시 고지해야 합니다. 말로 하기 쑥스럽다면 안내 규정을 서면으로 미리 만들어 두는 것도 효과가 좋습니다. 안내 규정에는 수강료와 계좌 번호, 카드와 지역 화폐 사용 여부를 비롯해 환불 규정도 함께 전달합니다. '수강료 납부 감사합니다. 아껴주신 시간은 수업 준비를 위해 사용하겠습니다.' 혹은 '수강료 ○주 이상 미납일 경우 수업이 중단될 수 있습니다.' 등의 문구를 하단에 넣어둔다면 학부모님은 납부 일자를 보다 많이 신경쓸 것입니다.

학원의 설립·운영 및 과외 교습에 관한 법률에 따른 수강료 환불 규정

교습 시작 전
- 이미 납부한 교습비 등의 전액 반환

교습 시작 후
- 총 교습 시간의 1/3 경과 전: 납부한 교습비의 2/3에 해당하는 금액
- 총 교습 시간의 1/2 경과 전: 납부한 교습비의 1/2에 해당하는 금액
- 총 교습 시간의 1/2 경과 후: 교습비를 반환하지 않음

2) 수강료 일자를 기억하기 쉬운 날짜로 지정하기

학생이 입회했을 당시 날짜를 기준으로 수강료를 받는 경우가 있습니다. 다만 이런 형태의 수강료 관리는 첫 달부터 관리가 깔끔하다는 장점이 있지만 관리하는 원장님도, 학부모님도 날짜를 기억하고 관리하기 어려울 때가 있습니다.

가장 기억하기 쉬운 것은 월 초나 월 말, 혹은 15일나 20일과 같이 기억하기 쉬운 날짜로 수강료 납일 날짜를 통일하는 것입니다. 재원생 전체의 수강료 납입 날짜를 똑같이 한다면 수강료가 밀린 경우도 더 빨리 체크할 수 있어 매출 관리가 용이해집니다.

3) 수강료 안내는 문자로 관리하기

수강료 납부일 일주일 전 미리 고지를 하거나 미납 안내를 할 경우 전화보다는 문자 메세지로 연락하는 것이 좋습니다. 대부분의 수강료 미납은 정말로 '잊어버려서'인 경우가 대부분이므로 기억을 상기시켜 주는 것만으로도 거의 모든 미납 건은 해결이 됩니다.

수강료 납부를 도와주는 추천 프로그램

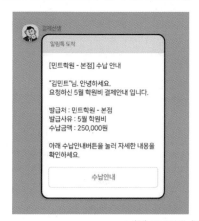

▲ (좌) 결제선생, (우) 통통통

단, 문자 메세지를 보낼 때는 심플하게 미납 건에 대한 안내만 하고 기타 문구는 최소한으로 작성하세요. 이는 문자 메시지가 일종의 '자동화 시스템'처럼 보이도록 하기 위함입니다. 원장님이 직접 수강료 이야기를 꺼내는 것이 아니라 수강료 납부일 일주일 뒤에는 일괄적으로 문자 메세지가 가도록 프로그래밍되어 있는 것처럼 말이지요. 미납 안내를 받은 학부모님이 곧바로 스마트폰으로 결제할 수 있도록 프로그램을 사용하는 것도 추천합니다. 알림 톡 서비스부터 비대면 결제까지 한 번에 처리한다는 점에서 미납 수강료 관리가 편리하지만 수강료 결제 수수료가 일반 카드 결제 수수료보다 높으니 꼭 비교해 보세요.

Q2

워라밸을 지키며
운영하는 방법이 있을까요?

"원장님들, 워라밸은 어떠세요?"

원장님 커뮤니티에 이런 글이 올라왔습니다.
이어진 내용은 대다수 원장님들의 공감을 받기에 충분했습니다.

> 정오쯤 출근해서 밤 9시까지 6~7시간 연강.
> 퇴근 후나 출근 전에도 수업 준비, 교재 분석으로 바쁘고 주말에도 학부모님
> 상담 전화에 신경이 온통 곤두서 있어요. 시험 기간이 되면 스트레스가 극에
> 달하는데 마음이 점점 지쳐가네요. 예전에는 주 4회로 수업을 하다가 지금은
> 주 5회로 해서 700만 원의 순수익이 나지만, 아이들과 놀아 줄 시간도 없고
> 강사도 안 구해지고, 강사를 구한다고 해도 힘들기만 하네요. 하루하루 버티
> 고 있지만 언제까지 가능할지 모르겠어요. 과감하게 고등부를 폐강하고 수업
> 시간을 줄이면 워라밸이 가능할까요?

학원을 운영하며 워라밸을 지키는 것이 정말로 불가능한 것일까요?

먼저 워라밸의 정의를 알아 봅시다. 워라밸이란 '일(Work)과 삶(Life)의 균형(Balance)'이라는 뜻으로 개인의 생활, 가정, 여가와 직장 생활의 조화를 의미합니다. 워라밸을 결정하는 기준은 개인의 가치관, 목표, 상황 등에 따라 달라질 수 있어요.

현재의 상황이 불만족스럽다면 우선 자신이 생각하는 이상적인 삶의 모습을 그려 보세요. 아마 모두 다를 것입니다. 가족과 보내는 시간을 지금보다 훨씬 더 많이 늘리는 것이 우선인 원장님이 있을 수 있고, 좀 더 바빠도 되니 돈을 더 많이 벌었으면 좋겠다는 원장님도 있을 것입니다. 혹은 가족과의 시간이나 수입을 떠나서 일이 편안한 것이 1순위인 원장님도 있을 테고, 절대적 수업 시간이 줄어드는 것을 원하는 원장님도 있을 것입니다. 개인마다 중요하다고 생각하는 것은 다르니까요.

만약 자신이 생각하는 이상적인 삶과 지금의 상황이 너무나 다르다면 상황을 의도적으로 바꿀 필요가 있습니다. 가장 소중한 것을 위해 가장 덜 소중한 것을 잠시 뒤로 두는 것입니다.

시험 기간이 되면 삶의 밸런스가 완전히 무너져요. 스트레스도 극심하고요. 방법이 없을까요?	▶ 신입생부터는 학교의 수를 의도적으로 조정해 보세요. 학생 서너 명을 포기하는 대신 탄탄한 시험 대비가 가능해질 거예요.
유치·초등부만 해서 성적 스트레스도 없고 주말도 온전히 쓸 수 있어 좋긴 한데 사실 돈을 더 많이 벌고 싶거든요.	▶ 주 2회라도 퇴근 시간을 늦추고 중등부 수업을 개설하는 것은 어떤가요? 중등부를 가르친다는 전문성도 함께 확보할 수 있겠네요.

일적으로 불만은 없어요. 그런데 삶이 하루하루 무료하고 공허하네요. 오후에 출근하고 밤 늦게 퇴근하니 친구들 만나기도 쉽지 않고요.

▶

사람에게 취미는 세 가지가 필요하다고 합니다. 몸이 힘든 것, 생각 없이 할 수 있는 것, 감정을 표출할 수 있는 것 등 학원을 운영하며 병행할 수 있는 새로운 취미를 탐색해 보세요.

원장님의 워라밸은 학원 운영의 효율성과 원장님의 신체적 · 정신적 건강에 중요한 영향을 미칩니다. 무엇보다 가르치는 학생들에게 직접적으로 영향을 미치기 때문에 이는 교육의 질로 바로 연결됩니다. 교육 서비스를 제공하는 입장에서 원장님은 이 점을 꼭 염두에 두어야 하겠지요?

일론 머스크와 워라밸

일론 머스크는 일주일에 100시간 이상 일하는 것으로 알려져 있습니다. 그는 아침 7시에 일어나서 밤 11시까지 일한다고 합니다. 가끔은 사무실에서 잠을 잘 때도 있다고 하네요. 그는 자신이 열심히 일하는 것이 성공의 비결이라고 믿습니다.

일론 머스크는 아무리 좋아서 하는 것이라지만 일주일에 100시간 이상 일을 하는 것은 쉬운 일은 아니라고 말하며 자신 역시 피곤하며 스트레스에 시달린다고 말했습니다.

하지만 동시에 자신이 열심히 일하는 것은 피곤함과 스트레스보다 훨씬 더 큰 가치가 있다고 믿었습니다. 만약 자신이 이만큼 열심히 일하지 않았다면 테슬라와 스페이스X의 성공도 없었을 것이라고 말할 정도입니다.

결국 일론 머스크의 '워라밸'이란 스스로가 생각하는 가치(성장하는 기업, 혁신적인 기술 등)를 위해 삶을 조금은 양보할 의향이 있다는 것이겠지요?

Q3

작은 학원에는
어떤 전자제품이 필요하나요?

1) 공부방, 교습소, 학원에 반드시 있어야 하는 전자제품

● 컴퓨터

공부방이나 교습소 또는 학원 모두 컴퓨터는 필수겠지요? 하지만 상황에 맞게 어떤 컴퓨터가 좋을지 고민해 보는 것도 좋겠습니다. 가격을 제외한 다음의 두 가지 기준으로 생각하면 됩니다.

첫 번째는 사용 목적을 구체화해 보세요. 만약 단순하게 문서 작업을 하거나 프린트 등의 기본적인 작업만 하는 것이라면 좋은 사양의 컴퓨터는 필요 없습니다. 사무용 데스크탑이나 보급형 노트북을 저렴하게 구매해도 충분합니다. 그러나 고용량의 문서 작업을 하거나 그래픽 작업을 해야 하는 경우에는 조금 더 높은 사양의 컴퓨터를 갖추는 것이 좋습니다. 이때는 멀티미디어용으로 판매되는 데스크탑이나 고사양 노트북을 구매하는 것을 추천합니다.

만약, 수업 강의 영상을 촬영하고 직접 편집하는 경우라면 상당히 높은 사양의 컴퓨터가 필요합니다.

두 번째는 휴대성입니다. 단지 수업하는 장소에 두고 써도 된다면 굳이 노트북을 구매하지 않아도 됩니다. 하지만 이동을 하며 작업을 하는 원장님이라면 노트북이 더 적합합니다. 단, 높은 사양의 노트북, 특히 모니터 화면이 큰 노트북의 경우는 휴대성이 떨어진다는 점을 염두에 두세요.

● **프린터**

컴퓨터와 함께 프린터는 매우 중요한 전자제품입니다. 프린터 역시 종류가 다양하므로 사용하는 목적에 따라 다음 기준을 보고 선택해 보세요.

첫 번째는 컬러프린터와 흑백프린터 중 선택해야 합니다. 복합기나 일반 프린터라면 컬러를 추천합니다. 하지만 대형 사무용 복사기는 흑백을 추천합니다.

두 번째는 인쇄하는 매수입니다. 인쇄량이 많은 경우는 사무용 대형 복사기를 대여하시는 것을 추천합니다. 인쇄량이 많으면 고장과 같은 여러 가지 문제가 빈번히 발생하므로 일반 복합기를 구매하는 것보다 대여하여 보다 편하게 A/S 서비스를 받는 것을 추천합니다.

추가로 일반 프린터나 복합기를 선택할 때 자동 양면 인쇄 기능은 필수입니다. 또, 컬러 레이저 프린터를 사용하는 경우에는 최근 출시된 제품은 피하고 5년 정도 된 제품을 추천합니다. 그 이유는 최근에 출시된 프린터는 정품 토너만 사용이 가능하지만 출시된 지 몇 년 된 제품의 경우 재생 토너를 구할 수 있는 경우가 많습니다. 아니면 처음에 구매할 때부터 재생 토너를 구할 수 있는 제품인지 확인하고 구매하세요.

● 냉난방기기

냉난방기기는 비용이 많이 들어가는 전자제품이지만 반드시 필요한 것입니다. 공부방, 교습소, 학원을 알아볼 때 기존 건물에 이미 설치되어 있는 곳을 선택하는 것이 제일 좋습니다. 만약 설치가 되어있지 않거나 노후되어 교체해야 한다면 새롭게 설치해야 합니다.

냉난방기기를 설치하는 곳의 면적에 따라 벽걸이형, 천장형, 스탠드형을 선택할 수 있습니다. 또, 강의실이 나누어진 학원이라면 초기 비용이 많이 들어가더라도 개별 설치하는 것을 추천드립니다. 강의실별로 나누어 냉난방 온도를 조절할 수 있으므로 불필요한 전기세 지출을 막을 수 있습니다.

● 도어 락

도어 락도 반드시 필요한 전자제품입니다. 시중에 다양한 도어 락이 있으므로 다음과 같은 두 가지 기준을 정하면 좋습니다.

첫 번째는 IOT 기능이 있는 것을 추천합니다. 도어 락을 스마트폰으로 열거나 잠글 수 있는 기능이 있으면 아주 편리합니다. 원장님이나 선생님이 없는 상황에 학생이 먼저 학원에 등원한 경우 비밀번호를 알려 주기보다는 애플리케이션으로 문을 열어 주고 들어가 있으라고 할 수 있어서 안전하고 편리합니다.

두 번째는 허수 기능과 고전압, 화재 방지 기능이 있는 것을 추천합니다. 비밀번호를 입력할 때 남은 흔적을 이용하여 비밀번호를 유추해 낼 수 있으므로 이러한 부분을 방지하는 기능이 있는 제품을 선택합니다. 또한, 화재나 고전압에 의해 고장나지 않는 제품을 선택하도록 합니다.

2) 공부방, 교습소, 학원에 있으면 좋은 전자제품

● 빔 프로젝터

사실 빔 프로젝터 없이도 수업은 가능하지만 있으면 정말 유용한 제품임에는 틀림없습니다. 국어나 영어 같은 경우에는 지문을 띄워 놓고 수업할 수 있고, 수학 같은 경우에는 복잡한 도형을 그려놓은 것을 보면서 수업을 할 수 있습니다. 하지만 어떤 제품을 써야 좋을지 선택하기 어려운 제품이기도 합니다. 빔 프로젝트를 구입할 때는 다음의 기준을 확인하세요.

우선, 4000안시[22] 이상의 밝기를 선택합니다. 어두운 환경에서 수업하는 경우보다 조명이 켜진 밝은 환경에서 수업을 한다면 당연히 밝으면 밝을수록 좋습니다.

또, 칠판이나 화이트보드와의 거리는 가까울수록 좋으므로 '단초점', '초단초점' 빔 프로젝터를 선택합니다. 거리가 멀어지면 앞에서 수업할 때 원장님의 눈도 같이 부시는 경우가 생깁니다.

---

22) 빔 프로젝터의 밝기를 나타내는 용어가 많지만 가장 기본적으로 사용되는 'Ansi(안시)'를 기준으로 함.

● CCTV

요즘은 CCTV 설치는 필수입니다. CCTV를 구매할 때 가장 고려해야 할 점은 몇 대를 설치할 것인지입니다.

4대 미만을 설치할 경우에는 홈 CCTV를 구입하여 설치하는 것이 비용면이나 편의면에서 좋습니다. 메모리 카드를 넣으면 녹화가 가능하고, 스마트폰 애플리케이션으로 외부에서도 관리를 할 수 있으므로 편리합니다. 다만 한 가지 단점은 보안 업체와 연동이 되지 않아 긴급 상황 시에 즉각적으로 대응하기 어려울 수 있습니다.

4대 이상을 설치할 경우에는 업체를 통해 CCTV를 설치하는 것이 좋습니다. 대여 및 구입이 가능하지만 장기적인 관점에서는 구입하는 것이 더 좋습니다. 만약 고가의 제품이 많은 경우라면 보안 업체와 연결하여 관리하는 것이 안전할 수 있습니다.

● IoT 플러그

냉난방기기를 끄고 나왔는지 헷갈리는 경우를 한 번쯤은 겪어 봤을 것입니다. 요즘은 냉난방기기에 스마트 기능이 포함된 경우가 많지만, 그렇지 않은 제품을 쓰는 경우도 많습니다. 이럴 때 IoT 플러그를 이용하면 외부에서 ON/OFF를 조작할 수 있으므로 유용하게 사용할 수 있습니다.

Q4

무리한 요구를 하는 학부모님에게, 현명하게 대응하는 방법이 있을까요?

학원을 운영하다 보면 간혹 무리한 요구를 하거나 불만사항을 제기하는 학부모님을 만나게 됩니다. 특히, 학부모님의 요구가 합당하지 않거나 근거 없는 일방적 주장이라면 원장님 입장에선 난감할 수밖에 없습니다. 학원 운영 3년 차인 A 원장님은 학부모님 상담이 학원 운영의 중요한 업무 중 하나라는 것을 잘 알지만 학부모님을 응대하고 나면 수업할 에너지가 다 빠져나가는 느낌이라고 하소연합니다.

A 원장님을 힘들게 하는 학부모님의 사례

- 학원 수업 방식 변경과 보강 등 무리한 것을 요구하는 학부모님
- 커리큘럼과 운영에 마음대로 개입하려는 학부모님
- 우리 아이만 신경 써 주길 바라는 학부모님
- 겨우 5번 보내고 왜 성적이 안 나왔냐고 따지는 학부모님
- '학원 보낸 지가 언제인데…'라며 결과를 다그치는 학부모님
- 시도 때도 없이 전화해서 본인 얘기만 늘어놓는 학부모님

원장님들은 어떤가요? 어떻게 하면 무리한 학부모님의 요구에 에너지를 빼앗기지 않고 슬기롭게 대처할 수 있을까요? A 원장님을 힘들게 하는 '무리한 요구를 하는 학부모님 상담법'과 '불만 사항에 슬기롭게 대처하는 상담법'에 대해 알아보도록 하겠습니다.

기본적으로 어떤 학부모님을 만나든 원장님의 권위는 유지하면서 편안하고 수용적인 분위기를 만드는 것이 기본적인 자세입니다. 또한, 학부모님의 생각을 경청하고 의견을 존중하지만 지켜야 할 한계선을 분명히 그을 수 있어야 합니다.

1) 무리한 요구를 하는 학부모님 상담법
● 학원 수업 방식과 보강 등 무리한 요구를 하는 학부모님
간혹 학원 운영에 개입하고 편의에 따라 마음대로 보충 학습 여부를 통보하며 주도권을 행사하려 하거나 자신의 영향력을 이용해 여론을 만들어 학원에 요구하는 학부모님이 있습니다. 또, 숙제를 봐달라든지 혹은 간식을 제공해 달라는 등의 요청을 하는 경우도 있습니다. 심지어 신입 회원 등록 여부를 놓고 개입하는 경우도 있습니다. 이처럼 학원 운영과 수업 방식, 교육 방침과 보충 수업 여부 등의 결정은 원장님과 수업을 하는 선생님들의 권한입니다. 이러한 고유 권한을 무시하려는 태도에 대해서는 기본적으로 단호하게 대해야 합니다.

올바른 상담법은 다음과 같습니다.
첫째, 학부모님들의 의견을 경청합니다. 하지만 학원 운영과 관련된 결정권은 학부모님에게 없다는 것을 분명히 밝힙니다.

둘째, 학원의 운영 방침과 보강, 환불 규정 등에 대해서 상기시켜 줍니다.

셋째, 현실적으로 불가능한 요구에 대해서는 가능하지 않은 이유를 알려 주고 단호하게 거절합니다.

● 자신의 아이만 신경 써 주길 바라는 학부모님

가르치는 학생이 한두 명도 아닌 상황에 자신의 아이만 신경 써 달라고 하는 학부모님의 부탁만큼 난감한 것은 없습니다. 만일 지속해서 요청하는 경우엔 얄미운 마음이 들기도 합니다. 하지만 원장님이 그런 이유로 학부모님에게 화를 낼 수는 없습니다.

올바른 상담법은 다음과 같습니다.

첫째, 개별적인 상담 중이라면 학부모님의 부탁에 대해 "네, 최선을 다해 지도하겠습니다."라고 수용합니다.

둘째, "아이들이 부모님께 소중하듯, 저희 또한 모든 아이들을 소중한 마음으로 대하고 있습니다. 부모님의 마음으로 지도하고 있으니, 믿고 맡겨 주세요."라고 이야기합니다.

셋째, 아이들은 다른 사람과 관심을 나누어 갖고 서로 부딪치는 과정에서 사회성과 정서가 발달한다는 것을 알려 주며 이해시킵니다.

● 자녀를 객관적으로 파악하지 못하는 학부모님

학부모님이 자녀를 객관적으로 보지 못할 때, 원장님의 관찰만 가지고 이야기하게 되면 원장님-학부모님의 관계가 깨질 위험성이 있습니다. 이럴 경우에는 반드시 객관적인 자료를 활용해서 상담하는 것을 추천합니다. 특히, 학부모님은 자신의 아이에게 문제가 있다는 것을 받아들이기 힘들어하므로 우선 아이의 장점에 대해 충분히 인정해 주고 난 후 검사 결과와 같은 객관적인 자료를 제시하면서 부족한 부분에 대해 상담합니다.

올바른 상담법은 다음과 같습니다.

첫째, 갑작스럽게 한꺼번에 학생의 모든 문제 행동을 알리기보다는 전화 통화를 자주 한다든지, 문자 메세지를 자주 주고받아서 학부모님과 어느 정도 친밀감을 쌓은 후 학생의 문제 상황을 인식시켜 주는 것이 좋습니다.

둘째, 학생의 문제점이나 단점을 이야기할 때는 반드시 장점을 함께 이야기합니다.

셋째, 원장님의 개인적 경험과 느낌에 의지하기보다는 심리검사나 전문가의 평가와 같은 권위를 인용하여 학생의 문제점을 학부모님에게 알려줍니다.

넷째, 여건이 허락한다면 전문가를 초빙해서 학습과 청소년기 발달 특징 등에 관한 강좌를 여는 것도 좋은 방법입니다.

● **빠른 변화를 원하는 학부모님**

"(다섯 번 보내고) 왜 우리 아이의 성적이 오르지 않지요?"

"학원에 보낸 지가 언젠데 아직도 여기를 배우고 있나요?"

제시된 사례와 같이 결과를 다그치는 학부모님은 자신의 아이의 빠른 변화를 원하는 학부모님입니다. 학부모님이 바란다고 해서 학생이 금세 변하고 성장하는 것은 아닙니다. 변화와 성장은 생물학적 · 인지적 · 환경적 조건이 갖춰졌을 때 일어나는 것입니다. 단기간에 빠른 변화를 원하는 학부모님과의 상담은 어떻게 해야 할까요?

원장님은 학부모님의 조급함에 동조해서는 안 됩니다. 하지만 숨겨진 학부모님의 소망과 욕구는 읽어 줘야 합니다. 단, 변화는 때가 있고 그 시기를 준비하며 학원에서 진행 중인 교육과정과 목표에 대해 충분히 설명해 줍니다. 필요 시 비슷한 학생의 성장 사례를 들어 주는 것도 좋습니다.

올바른 상담법은 다음과 같습니다.
첫째, 학생의 성장과 발달, 그리고 변화는 때가 있다는 것을 설명합니다.
둘째, 학생의 변화는 기관뿐만 아니라 학부모님의 협조와 노력이 중요하다는 것을 알려 줍니다.
셋째, 학부모님의 조급함이 오히려 학생에게 해를 끼칠 수도 있다는 점을 설명하고 이해시키는 것이 좋습니다.

2) 불만 사항에 슬기롭게 대처하는 상담법

불만 사항은 듣기만 해도 싫은 단어입니다. 학부모님의 전화가 받기도 싫어지고, 문자 메세지를 확인하는 것이 두려워지는 순간이 원장님들에게는 꼭 있습니다. 불만 사항을 슬기롭게 대처하는 가장 좋은 방법은 최초 입회 시 사전 상담 단계에서 미리 예방하는 것이 가장 좋습니다.

불만 사항이 언제 발생하는지 생각해 보면, 학부모님들이 학원에 원했던 목적과 목표가 있었으나 그것이 제대로 충족되지 않았을 때입니다. 이 사실을 감정을 섞지 않고 잘 전달하는 학부모님이 있는가 하면, 반면에 감정을 폭탄처럼 던지는 학부모님도 있습니다. 불만 사항을 표현하는 대다수의 학부모님은 후자에 해당합니다. 학부모님의 불만 상황에 슬기롭게 대처하고 위기를 기회로 만들기 위해서 다음의 방법을 제안합니다.

첫째, 예상 밖의 불만에 대처할 수 있는 상황을 만듭니다. 수업 중인 상황에서 학부모님을 상대하면 안 좋은 결과를 만들기 쉽습니다. 따라서 원장님이 가장 정신이 맑은 시간에 그 문제에 대해 생각합니다. 그리고 종이에 학부모님의 마음을 정리한 후 답하는 것입니다.

둘째, 원장님만의 체크리스트에 순차적으로 답을 적어 내려갑니다. 구체적인 체크리스트는 다음과 같습니다.

불만 사항에 슬기롭게 대응하는 체크리스트

	체크해 보세요.	예	아니오
Q1	학부모님이 원하는 것은 무엇인지 파악했다.	☐	☐
Q2	전후 사정을 고려해 볼 때 어떤 것에 기분이 상했는지 알고 있다.	☐	☐
Q3	우리가 이런 대처를 할 수밖에 없었던 앞뒤 맥락이 무엇인지 정확히 인지하고 있다.	☐	☐
Q4	우리의 대처와 학부모님과의 사이에서 어떤 커뮤니케이션이 부족했는지 짐작했다.	☐	☐
Q5	그래서 학부모님이 듣고 싶었던 말은 무엇인지 예상했다.	☐	☐

특히, Q5가 가장 중요한 부분입니다. 이러한 과정을 거쳐 제시할 가장 좋은 답변은 다음의 내용을 포함하는 것입니다.

"아, 학부모님 그 부분이 궁금하셨군요. 그 부분에 대한 저희의 의도는 이런 것이었습니다. 이런 효과를 기대하셨군요. 이 부분은 앞으로 이렇게 진행할 계획입니다. 혹시 원하는 방향이 다르면 말씀해 주세요. 적극 반영하겠습니다."

이처럼 학원의 의도와 교육 효과를 문자나 전화로 설명하고, 학부모님의 의견을 반영하겠다는 열린 태도를 보여 주는 것입니다. 이때, 무엇보다 우선시 되어야 할 것은 학부모님의 놀람과 화남을 안정시키고 상대방이 듣고 싶은 말을 먼저 해 주는 것입니다.

사람들은 자기의 감정을 인정해 주는 사람을 좋아하기 마련입니다. 따라서 최소한 이 상황에서는 원장님이 학부모님의 마음을 이해하고 있다는 점을 짚어 줘야 합니다. 그래야 학부모님은 격앙된 감정을 누그러뜨리고 학원을 신뢰하고 안심할 수 있습니다. 무엇보다 중요한 건 학부모님의 불만 사항을 '감정적 공격' 그대로 받아들이지 않고 대처하는 원장님, 즉 운영자의 태도입니다. 물론 우리도 사람이기에 이런 대응이 쉽지 않지요. 하지만 이 상황을 위기가 아닌 학부모님의 욕구를 파악하는 기회로 생각한다면 학원 발전의 발판이 될 것입니다.

Q5

불안한 마음을
컨트롤 하는 방법이 있을까요?

불안(不安)「명사」
① 마음이 편하지 아니하고 조마조마함.
② 분위기 따위가 술렁거리어 뒤숭숭함.
③ 몸이 편안하지 아니함.
④ 마음에 미안함.
⑤ 『심리』 특정한 대상이 없이 막연히 나타나는 불쾌한 정서적 상태. 안도감이
　나 확신이 상실된 심리 상태이다.
⑥ 『철학』 인간 존재의 밑바닥에 깃들인 허무에서 오는 위기적 의식. 이 앞에
　직면해서 인간은 본래의 자기 자신, 즉 실존(實存)으로 도약한다.

〈출처: 국립국어원 표준국어대사전〉

불안이라는 단어의 뜻에는 여러 가지가 있습니다. 그중 주목해야 할 뜻은
①과 ⑤입니다. 우리의 마음이 불안한 이유는 여러 가지가 있겠지만, 그중
일과 관련된 부분에 집중을 해 봅시다. 교습소, 공부방, 학원을 운영하면서

아무런 불안함없이 일을 할 수 있다면 좋겠지만 그건 불가능할 것입니다. 그렇다면 그 불안함을 어떻게 컨트롤할 수 있을지 차근차근 생각해 보려고 합니다.

우선 왜 불안한지부터 생각을 해 보면 좋겠습니다. 그리고 불안함의 이유를 고민해 보았다면 그 이유를 하나씩 메모하며 정리해 보세요. 그 자체만으로도 막연함에서 오는 불안감이 조금은 해소될 수 있을 것입니다. 그리고 정리를 하게 되면 각각의 원인에 대한 해결 방법이 뚜렷해지기도 합니다. 불안의 이유를 알게 되었다면 가장 좋은 해결 방법은 그 원인을 없애거나 줄이는 것이기 때문입니다. 예를 들어 신규 수강생이 없어서 불안한 마음이 든다면 신규 수강생을 모으기 위한 방법을 연구하고 궁리하는 것으로 그 불안한 마음을 해결할 수 있습니다.

하지만 원인을 없앨 수 없는 경우도 있습니다. 예를 들어 수업을 하면서 받게 되는 어쩔 수 없는 스트레스로 인해 멘탈 자체가 힘들어지는 경우에는 사소한 걱정거리에도 불안해질 수도 있기 때문입니다. 그렇다면 어떻게 해야 불안한 마음이 줄어들까요?

사람들은 때론 자신과 같은 상황의 사람들과 이야기를 나누는 것만으로도 안도감을 느낄 수 있습니다. '나만 힘든 것이 아니구나.', '저 사람은 나보다 더 복잡하고 힘든 상황이네.'와 같이 다른 사람들과 이야기를 나누다 보면 다들 비슷한 고민을 하고 있다는 생각이 들지 않을까요. 근처에 비슷한 상황의 선생님이나 원장님과 직접 만나서 이야기를 할 수 있다면 좋겠지만, 경쟁 관계이거나 일면식도 없어서 이야기를 나누기 힘든 경우도 많이 있습니다. 요즘은 SNS를 통한 소통도 활발하고, 메신저앱의 오픈 채팅방과 같이 이야기를 나눌 수 있는 단체방도 많이 있으므로 대화를 나누어 보는 것을 추천합니다.

"우리가 걱정하는 일들의 90%는 실제로 일어나지 않는다."

메이허의 저서 『걱정하지 마라 90%는 일어나지 않는다』에서 나온 말입니다. 우리가 걱정하는 것들의 대부분은 실제로 일어나지는 않는 경우가 많습니다. 물론 운영이나 경영을 하는 상황에서는 '최고의 상황'보다는 '최악의 상황'을 생각하고 대비하는 것이 안전합니다. 하지만 너무 많은 걱정을 하게 되면 점점 불안해지고 힘들어지는 것이 당연하겠지요.
사람의 뇌는 '아무 것도 생각하지 말라.'는 명령을 따를 수 없다고 합니다. 이처럼 '걱정하지마.'라고 한다고 해서 걱정을 하지 않는 것은 불가능한 일입니다. 그렇다면 차라리 다른 것에 집중해서 걱정할 틈을 만들지 않는 방법은 어떨까요? 다른 것에 집중을 하기 시작하면 정체를 알 수 없는 불안에서는 곧 해방되는 자신을 만날 수 있을 겁니다.

또, 조금 더 여유로운 마음가짐을 갖고 있다면 불안한 상황에서도 유연하게 대처할 수 있겠지요? 마음이 편해지는 음악을 들으며 수업을 준비하거나 일을 해 보는 것은 어떨까요? 아니면 좋은 향을 가까이에 두는 것도 좋습니다. 갓 내린 커피향이나 갓 구운 빵 냄새를 맡으면 기분이 좋아지듯, 기분이 좋아질 수 있는 향을 가까이 해 보세요. 디퓨저를 놓아두는 것만으로도 충분히 분위기 전환이 될 것입니다.

마지막으로 건강 관리, 체력 관리도 필수입니다. 몸이 건강하지 못하면 멘탈도 건강하기 힘들기 때문입니다. 피곤할 때에는 작은 일에도 짜증났던 경험들이 있을 거예요. 체력이 충분해야 마음도 너그러워집니다. 그러므로 규칙적으로 운동을 하고 충분한 숙면을 취하며 끼니를 거르지 않는 것, 이것은 포기해서는 안 되는 1순위 생활습관입니다. 원장님이 무너지면 학원도 무너집니다. 주도하되 무리는 금물입니다.

Q6

경력(혹은 학력)이 약한데
창업을 해도 될까요?

개원 전후 상담을 진행하면 원장님과 선생님의 학력이나 경력을 묻는 경우가 부지기수입니다. 경력이나 학력이 약한 분들은 자연스레 위축될 수밖에 없습니다. 당연한 일입니다. 경력이 없다면 낯선 영역에 부딪히는 상황이니 모든 것이 생소할 수밖에 없을 테고, 학력이 약하다면 괜히 의기소침해져 스스로 내세울 것이 없다며 주눅이 들 수도 있습니다.

하지만 안심하셔도 됩니다. 학력과 경력을 묻는다는 것은 이제 막 등장한 새로운 원장님에 대해 아는 정보가 없기 때문에 학부모님의 입장에서는 최소한의 정보를 수집하는 과정일 뿐입니다. 자신의 아이를 맡기는 입장에서 확인할 수 있는 얼마 되지 않는 공식적인 정보인 것이지요. 그래서 초창기에 빈번히 발생하는 일입니다. 물론 좋은 학력을 가지고 있다면 좋은 첫인상을 줄 수 있는 것은 당연합니다.

이때는 최대한 활용하는 것이 좋습니다. 하지만 학력이나 경력이 전부는 아니므로 그것으로 인해 주눅들거나 좌절할 필요는 없습니다. 학부모님도 학력이 전부가 아님을 이미 아는 시대이지요. 원장님이 미리 준비한 것을 무기로 내세워 상담을 리드한다면 경력과 학력은 크게 문제되지 않습니다. 원장님의 강점을 철저하게 살린 상담이면 학부모님의 마음을 사로잡기에 충분합니다.

다만 제대로 인지하고 갈 필요는 있습니다. 경력은 학력보다 더 중요한 부분입니다. 학생들을 지도한 경험이 풍부할수록 학생들의 심리 파악이나 학습 과정에 대한 이해도가 높을 수밖에 없기 때문입니다.
하지만 누구에게나 처음은 있어요. 지금부터 차근차근 쌓아나가면 됩니다. 알고 있는 것을 가르치는 것이 교육자입니다. 그래서 많이 아는 것이 중요하게 비추어질 때도 있지만 많이 아는 것과 잘 가르치는 것은 다른 이야기입니다.

많이 아는 것만큼이나 학생들을 지도하는 데 있어 중요한 것은 전달력과 표현력입니다. 선생님의 역할은 혼자서 문제를 푸는 것이 아니라 상대방이 모르는 것을 이해시키는 것입니다. 간혹 아주 똑똑한 사람들은 학습했는데도 모른다는 것을 이해하지 못하는 경우가 있습니다. 이런 사람들은 아는 것은 많지만 교육자로서는 꽤 어려운 길을 걷게 될 것입니다. 이렇듯 경력이나 학력은 홍보 영역의 일부일 뿐입니다.

시간이 지날수록 원장님과 학원에 대한 정보가 지역에 누적이 되고, 이는 학부모님께 충분한 정보로 자리매김할 테니 이때부터는 경력과 학력이 결코 약점이 되지 않습니다.

그러므로 교육 사업자에게는 경력이나 학력이 아닌 앞으로 채워갈 수 있는 '노력'이나 '열정'이 오히려 더 필요한 요소입니다. 만약 그래도 경력이나 학력이 약해서 불안하다면 학원에서 강사로 경험치를 먼저 채워보는 것도 하나의 방법이 될 수 있습니다.

학력은 바꾸기 어렵지만 경력은 매일 쌓아나갈 수 있다는 것을 기억하세요.

경력과 학력을 모두 업그레이드 하고 싶다면?

교육학사/석사 학위 취득	• 시간이 없다면 사이버대학이나 학점이수제로 교육학을 공부해 보세요. 교육학을 전공함으로써 단순한 티칭 스킬을 갈고 닦는 것을 너머 보다 넓은 시야와 배경 지식을 가지고 학생들을 가르칠 수 있을 거예요. • 어디에서? 숭실사이버대학 청소년 코칭상담학과 등
TESOL 자격 취득 및 수료	• 영어를 가르치고 있다면 한 번쯤 도전해 볼 만한 과정입니다. 외국어가 모국어가 아닌 학생들에게 영어를 가르치는 국제 영어 교사 양성이라는 취지에 맞게 이론과 실습을 병행할 수 있어 실력을 갈고 닦기에 유리합니다. • 어디에서? 한국외국어대학교 테솔 전문 교육원 등
스타 강사들의 원 포인트 레슨	• 코로나 이후 오프라인에서 주로 이루어졌던 전문 강사 교육이 온라인 VOD 서비스로 탈바꿈했습니다. 이제 집에서 자신이 편한 시간에 원하는 주제의 강의를 골라 들을 수 있습니다. • 어디에서? 웅진 클래스박스 등
청소년상담사/ 청소년지도사 자격 취득	• 1~3급 청소년 상담사 또는 청소년 지도사는 국가전문자격증으로 민간 자격증과는 다릅니다. 급수에 따라 시험 합격 후 연수 시간을 채워야 하지만 그만큼 학생들의 학업, 진로 등에 관해 전문적인 상담이 가능해집니다. 학생들에게 보다 도움이 될 수 있는 조언을 건네고 싶다면 도전해 보세요. • 어디에서? 학점은행제 등(각 급수에 따라 필수 이수 과목 필요)

Q7

계속 성적이 좋지 않은 학생만 들어오는 것 같은데 문제가 없을까요?

신규 수강생을 모집하면 실력이 부족한 학생들이 많이 들어옵니다. 그 이유는 크게 두 가지로 말할 수 있습니다.

첫 번째는 성적이 좋은 학생은 성과가 나쁘지 않으니 옮겨야 할 필요성을 못 느끼기 때문에 한 학원을 오래도록 다닙니다. 반대로, 성적이 좋지 않은 학생은 원하는 결과가 나오지 않기 때문에 다른 방법을 찾게 되고 거듭해서 학원을 옮겨 다니게 되는 것이지요. 따라서 성적이 좋지 않은 학생이 성적이 좋은 학생보다 새로 생긴 학원에 더 많이 등록하게 되는 이유입니다. 즉, 신규 수강생은 성적이 좋지 않은 학생일 가능성이 높을 수밖에 없습니다.

두 번째는 공부를 잘하는 학생이 많을까요, 못하는 학생이 많을까요? 잘하는 학생은 남들보다 뛰어나서 붙게 되는 수식어입니다. 잘하는 학생 자체가 많이 없다는 뜻이기도 합니다. 즉, 교육 시장의 소비를 가장 많이 차지하고 있는 고객층은 중·하위권 학생들입니다.

따라서 성적이 좋지 않은 학생이 계속 들어온다는 것은 정상적인 현상이라 볼 수 있습니다. 그러니 성적이 좋지 않은 학생이 들어온다는 것은 속상해 할 일이 아니라 오히려 기회라고 생각해 보면 어떨까요? 잘하는 학생이 계속 잘하는 것은 당연하게 여겨지지만 성적이 좋지 않은 학생이 성장하는 과정을 보일 때 원장님의 능력은 더 좋은 평가를 받게 됩니다. 특히, 이런 학생들의 학부모님은 입소문의 근원지가 될 수 있습니다.

사실 성적이 좋지 않은 학생의 성적을 올리는 것이 성적이 좋은 학생의 성적을 올리는 것보다 훨씬 더 쉽습니다. 90점을 100점으로 올리는 것과 40점을 80점으로 올리는 것 중에서 어느 쪽이 더 쉬울까요?

하위권 학생이 중위권이 되기 위해서는 탄탄한 기본기만 있어도 가능합니다. 기본기가 없는 학생들은 대부분 공부를 제대로 접해 보지 못했거나 이해도가 부족해 학습 진행이 느린 학생인 경우입니다. 기본기를 쌓는 과정에서 공부를 제대로 접해 보지 못했던 학생이라면 성적과는 상관없이 변화되는 학생의 모습만으로도 학부모님은 먼저 만족하게 됩니다. 후자의 경우는 학부모님도 자신의 아이의 느린 성향을 알고 있으므로 원장님의 꾸준한 관심과 정성만으로도 만족하게 됩니다.

성적을 올리는 것뿐 아니라 학생 관리 차원에서도 만족을 줄 수 있으므로 '학생들 관리를 잘하니까 우리 아이의 행동 패턴이 변해서 성적도 이만큼 올랐어!'로 평가받는 원장님이 될 수 있어요.

만약 성적이 좋지 않은 학생으로 인해 수업 진행에 어려움을 겪고 있다면 수업 시간 배분이 잘못되어 있을 수 있으므로 반의 형태를 한 번 더 살펴보아야 합니다. 성적이 좋지 않은 학생들끼리 한 반을 구성하여 수업을 진행하는 것도 하나의 방법입니다. 다만, 성적이 좋지 않은 학생들의 학부모님과 상담을 할 때는 학생의 정확한 수준에 대한 상담과 성장 속도가 느릴 것임을 미리 고지해 두시는 편이 좋습니다. 학원에 처음 등록할 때는 학생의 능력보다는 학습 성실도가 더 큰 영향을 미칩니다. 학습 성실도가 좋은 학생은 학원을 다니면서 성장하는 모습을 보이기 쉽습니다. 그러므로 성적이 좋지 않은 학생이 등록하면 학생의 성장을 꼼꼼히 기록해서 실력 향상을 기회로 삼으세요. 이것은 학원의 홍보로 뛰어난 효과를 낼 수도 있습니다.

학부모님이 커리큘럼에 간섭하는데
어떻게 해야 할까요?

학부모님이 커리큘럼뿐만 아니라 학원 운영에 간섭할 때는 다양한 이유가 존재합니다. 그 이유를 곰곰이 생각해 볼 필요가 있습니다. 단순히 좀 더 개선되었으면 하는 좋은 취지로 이야기가 나왔을 때는 원장님의 열린 마인드가 필요합니다.

학부모님과 학생은 원장님의 고객입니다. 고객의 불편함에는 당연히 관심을 가져야 합니다. 어디에서 오는 불편함인지 정확하게 파악했을 때만 향후 방책을 생각할 수 있습니다.

오히려 아무 말 없이 다른 학원으로 옮기는 것보다 신중하게 불만 사항을 전달해 오는 학부모님의 이야기를 통해 학원의 운영이나 수업을 발전시킬 수 있습니다.

다만, 학부모님의 제안이 납득이 되지 않을 때는 단호하게 거절 의사를 밝혀야 합니다. 학원을 운영한다는 것은 정해진 원칙과 규칙, 원장님만의 소신있는 교육관을 가지고 학생들을 지도한다는 것입니다. 개개인의 요청을 모두 들어주면 원장님이 추구하는 교육의 방향성이나 그 본질이 흔들리는 위기가 찾아올 수 있습니다.

원장님의 교육관이 명확하지 않으면 어떤 상황에서 융통성을 발휘해야 하고, 어떤 상황에서 단호해야 하는지 판단하기 어렵습니다. 그러므로 절대 양보할 수 없는 몇 가지의 원칙을 먼저 세워야 합니다.

만약 원장님의 교육관이나 학원 운영의 원칙에 크게 반하는 것이 아니라면 융통성을 발휘하여 학부모님의 의견을 충분히 들어주는 수용적인 태도를 보여주세요.

꼭 염두에 두어야 할 것은 학부모님들에게 원장님의 수업 방식과 교육관을 인지시켜드리고 인정받아야 한다는 것입니다.

Q9

학원 이벤트,
꼭 진행해야 할까요?

학원 이벤트는 학원의 꽃입니다. 이벤트를 통해서 학생들의 공부 습관과 선생님과의 신뢰 및 친근감을 형성할 수 있습니다. 또한, 학생들의 실력 향상에도 도움이 됩니다. 많은 비용을 들이지 않고도 얼마든지 다양한 이벤트를 할 수 있습니다.

매월 시기에 맞는 특별한 이벤트를 진행합니다. 월별로 각 미션을 완료할 때마다 학생에게는 뱃지를 주고, 학부모님에게는 기프티콘을 선물로 보내드립니다. 뱃지가 5개 이상 모인 학생에게는 문화상품권과 같은 특별상을 수여합니다. 꼭 문화상품권과 같은 물질적인 보상이 아니어도 괜찮습니다. 물질적인 선물 대신 '누가 책을 먼저 읽을지 정하는 권리'와 같은 권위를 선물로 줄 수도 있습니다. 학생들은 오히려 이런 선물을 더 좋아합니다.

초등부 월별 이벤트 예시

3월
– 영어: 매일 영어 책 읽기 이벤트
– 수학: 계산 문제 올킬 마스터 이벤트
주말 제외하고 매일 2주 동안 인증합니다. 학생들의 공부 습관 형성에 많은 도움이 됩니다.

4월
– 영어: 매일 영어 일기 필사 등 글쓰기 이벤트
– 수학: 수학 관련 책 읽기 이벤트
주말 제외하고 매일 2주 동안 인증합니다.

5월
어린이날 방탈출 파티, 친구 초청 영화보기 파티, 마켓데이(아이들이 모은 포인트로 물건을 살 수 있는 파티) 등의 이벤트

6월
– 영어: 매일 글쓰기와 영어 책 읽기 이벤트
– 수학: 상반기 경시대회 시험 준비 이벤트

7월, 8월
– 결석하기 쉬운 여름 방학 개근상 받기 이벤트
수업 오는 날 도장을 받게 하고 결석이 없을 경우 상을 줍니다.

9월
– 추석 미션 이벤트
추석 기간 동안 합쳐서 줄넘기 5000개 하기, 추석 기간 동안 하루에 20분씩 독서하기, 집안일 돕기, 아침 7시에 기상하기 등의 미션 완료 후 부모님의 사인을 받아온 학생에게 선물을 주는 이벤트입니다.

10월

– 할로윈 방탈출 파티 이벤트

할로윈 파티를 부정적으로 생각하는 학부모님들이 있다면 할로윈 파티 대신에 가을 파티라고 이름 지어도 괜찮습니다. 학생들이 함께 힘을 합쳐서 문제를 풀고 게임도 하며 단합하게 합니다.

11월

– 영어: 매일 글쓰기와 영어 책 읽기 이벤트
– 수학: 하반기 경시대회 및 영재교육원 시험 준비 이벤트

12월

– 크리스마스 방탈출 파티 이벤트

친구들과 함께 문제를 풀며 공부에 흥미도 갖게 하고 즐거운 추억도 쌓게 합니다.

1월

– 습관 형성 챌린지

새해가 시작 되면서 공부하는 습관을 가질 수 있도록 도와주는 챌린지 이벤트입니다. 2주 동안 오답노트 매일 쓰기, 학습계획표 매일 쓰고 실천하기, 부모님 도움 없이 숙제 스스로 하기, 내 가방을 내가 스스로 챙기기 등을 하고 부모님의 사인을 받아오게 합니다. 2주 동안 습관 형성 챌린지를 완주한 학생에게는 선물을 줍니다.

2월

– 겨울 방학 전 학년 보드게임 대회

방학동안 아이들에게 학원에 나오는 것에 대한 흥미를 줄 수 있도록 보드게임 대회를 개최합니다.

어린이날, 할로윈 데이, 크리스마스와 같은 특별한 날에는 방탈출 파티를 하고, 포토존을 만들어 사진을 찍어줍니다. 할로윈이나 크리스마스에 어울리는 디자인의 현수막만 걸어도 멋진 포토존이 완성됩니다.

방탈출 파티 진행 방법

학생들이 방을 탈출하기 위해서는 7가지 미션을 성공해야 해요. 보물찾기 하듯이 미션이 적힌 쪽지를 찾아내고, 찾아낸 미션을 하나씩 수행하게 합니다. 소외되고 구경만 하는 학생이 생기지 않도록 한 그룹을 2~6명으로 구성합니다. 방탈출 파티는 50분 정도로 진행하고, 미션을 다 끝내지 못한 학생들이 있어도 괜찮습니다.

이때 방탈출 미션으로는 간단한 보드게임, 계산 문제 풀기, 상자 안에 있는 물건이 무엇인지 눈을 가리고 맞혀보기, 간단한 퍼즐 맞추기 등이 있습니다. 이벤트가 끝난 후에는 학생들에게 간단한 후기를 작성하게 하고, 학생들의 후기는 사진을 찍어서 블로그와 인스타그램 등 학원을 홍보하는 데 사용합니다. 학부모님들에게는 이벤트를 진행하는 동안에 학생들이 즐겁게 활동하는 모습이 담긴 사진 찍어서 보내드리며 소통합니다.

학부모님을 감동 시키는 이벤트 꿀팁!

- DISC 행동유형 검사, 공부 계획표 작성법 특강을 진행하여 학부모님에게 믿음을 줍니다.
- 학원 수업이 밤 늦게 끝나는 학생들에게 호신용 경보기를 선물해 줍니다.
- 졸업하는 학생들에게는 학생의 이름과 '노력은 절대 배신하지 않는다'와 같은 문구를 새긴 각인 펜을 선물해 줍니다.
- 수능 100일 전이나 중요 시험을 앞둔 학생들에게는 말린 네잎 클로버를 선물해 줍니다.

이벤트를 통해 수업에 활기를 불어넣고 학생들의 실력을 향상시켜 학부모님을 감동시키기 바랍니다.

Q10

외부 경시대회,
어떻게 준비해야 하나요?

유치·초등부에서부터 중등부를 주력으로 하는 원장님이라면 '대회 참여'를 두고 고심하지 않은 분은 없을 겁니다.

프랜차이즈 가맹을 했다면 본사의 주최 아래 다양한 대회들이 열리고, 그 준비도 크게 어렵지 않습니다. 하지만 개인 브랜드로 창업을 한 원장님은 혼자서 해결해야 하므로 고민은 깊어지기만 합니다.

준비가 어렵다고 무시할 수도 없습니다.

학원 입장에서 각종 대회에 참가하는 것은 재원생의 수준을 한 단계 높이는 계기가 되는 동시에 좋은 홍보의 수단이 되기 때문입니다. 대회에서 우수한 성적을 거둔 학생들은 학원의 홍보대사가 되기도 하며, 대회에 참가하는 것 자체만으로도 학부모님들로부터 학원의 교육 프로그램에 관한 관심을 끌어낼 수 있습니다. 특히, 초등부의 경우 외부 대회의 효과는 더욱 극적입니다.

초등학교는 공식적인 시험이 없기 때문에 학부모님은 자신의 아이의 '진짜 실력'에 대해 불안을 호소하는 분들이 많습니다. 학교와 담임선생님의 재량에 따라 기준이 다른 평가와는 달리, 각종 대회는 수상에 대한 명확한 기준이 존재함으로 이런 불안을 해소시켜주는 역할을 합니다.

여러 가지 이유로 대회 참가를 결정했다면 다음의 단계를 따라해 보세요.

1) 대회 선정

가장 먼저 해야 할 일은 어떤 대회에 참가할지를 결정하는 것입니다. 전국 규모의 대회는 시상 내역이 화려하고 다양한 기회를 제공하지만 경쟁이 치열하여 참가 학생과 준비하는 학원에 부담이 큽니다. 반면에 지역 규모의 대회나 각종 프랜차이즈에서 운영하는 대회의 경우 접근성이 좋고 부담이 적다는 장점이 있습니다.

대회를 선정하는 데 있어서 무엇보다 중요한 것은 학원의 커리큘럼을 해치지 않으면서 준비가 가능한지 확인하는 일입니다. 대회에 따라 준비의 난이도 및 입상 조건이 다르므로 관심 있는 대회가 생긴다면 반드시 주최 측의 홈페이지 등을 활용하여 전체 인원의 몇 퍼센트까지가 수상권인지, 대회의 난이도는 어떠한지 꼭 확인할 필요가 있습니다.

대회 준비는 원장님의 시간과 노력이 필요한 일입니다. 따라서 각 대회의 장단점을 비교해 학원 운영에 도움이 되는 선택을 하기 바랍니다.

각 과목별 주요 대회

	대회명	대상 학년
국어	한우리 독서 올림피아드	초등 1학년 ~ 초등 6학년
	대한민국 독서토론 논술 대회	초등 저/초등 고/중등/고등
	HME 국어 학력 평가	초등 1학년 ~ 초등 6학년
영어	코리아 헤럴드 영어 말하기 대회	유치부/초등 1~3학년/초등 4~6학년/중등
	대통령 영어 연설문 말하기 대회	유치부 및 초등 1~3학년/초등 4~6학년 및 중등/고등부 및 대학부
	세계예능교류협회 영어 말하기 대회	유치부 및 초등 1~3학년/초등 4~6학년/중등
	전국 영어 학력 경시대회	초등 3학년 ~ 고등 2학년
수학	전국 수학 학력 경시대회	초등 1학년 ~ 고등 2학년
	HME 수학 학력 평가	초등 1학년 ~ 중등 3학년
	KUT 고려대학교 학력 평가 시험	초등 1학년 ~ 중등 2학년
	한국수학경시대회(KMC)	초등 3학년 ~ 고등 2학년

2) 참가 신청

대회 선정 후, 학원에서는 학생과 학부모님에게 대회에 관련된 공지를 하고 참가 신청을 받습니다. 이때 학생의 자발적인 참여 의사가 아닌 원장님의 추천이나 학부모님의 권유를 계기로 참가하는 경우에는 대회를 마친 후 결과가 좋더라도 퇴원으로 이어지는 일들이 발생합니다. 그 이유는 학생이 준비 기간의 어려움이나 스트레스로 학습에 지치기 때문입니다. 따라서 대회에 참가할 학생과 충분한 사전 상담을 통해 참가 목적과 장점을 명확히 정리하는 시간이 꼭 필요합니다. 또한, 학생 스스로 신청서를 작성하도록 합니다. 참가할 학생이 정해지면 학원에서는 대회 홈페이지를 방문해 대회 일정, 신청 방법(개인/단체), 주의사항 등을 규정에 맞추어 신청서를 작성합니다.

『★★ 경시대회』 참가 희망 조사 안내문

안녕하십니까, ○○ 학원입니다.

올해 6월, 본원에서는 학생들의 학습 의욕을 고취시키고 심화의 필요성을 일깨우기 위한 이벤트의 일환으로 희망자에 한해 ★★ 경시대회에 참여하고자 합니다.

아이들과 충분히 대화를 나누어 보신 뒤, 참여를 희망하신다면 아래 표에 표기하여 원으로 회신주시면 감사하겠습니다.

해당 대회의 대략적인 개요는 다음과 같습니다.

```
1. 일정:
2. 시험 범위:
3. 난이도 및 코멘트:
4. 기대 효과:
5. 참가비:
```

- -

대회 참여 여부

학년 :   이름 :

참여	미 참여

감사합니다.

○○ 학원 원장

교육문의 070-1111-2222

▲ 대회 참가 신청서 양식 예시

3) 대회 준비

보통 대회 준비 기간은 길게는 8주, 짧게는 4주가 소요됩니다.

학원의 상황에 따라 준비 방식이 다르겠지만, 소형 학원의 경우 정규 수업 이외에 원장님이 별도의 시간을 내어 학생을 지도하거나 대회 준비반을 만들어 특강으로 운영하며 지도하는 방법이 있습니다. 특강의 형식이라면 적절한 수강료를 책정하여 미리 참가비와 함께 공지하도록 합니다.

대회 준비 초반에는 참가 학생들의 실력을 먼저 파악한 뒤 현실적인 목표를 세우고, 이 목표를 학부모님에게 공유하는 것이 좋습니다.

그래야만 수상의 기쁨을 안고서도 더 높은 등수를 받지 못했다고 아쉬워하거나, 열심히 했음에도 안타깝게 수상에 실패했을 때의 실망이 적습니다. 그뿐만 아니라 결과보다 과정에서 의미를 찾는 학습이란 무엇인지 배울 수 있습니다.

대회 준비 중반에는 실전 연습이 무엇보다 중요합니다. 일반적으로 대부분의 대회는 학교나 학원에서 시행하는 대회와 진행 방식이 다르기 때문에 실전 연습을 충분히 경험하지 못한 학생들은 자신의 실력을 발휘하기 어렵습니다.

토론 대회나 말하기 대회라면 다른 사람들 앞에서 직접 소리내어 말해 보며 자신감을 찾는 것이 우선입니다. 경시대회와 같은 문제 풀이 식의 대회라면 정해진 시간 동안 고득점을 받기 위한 전략을 세워야 합니다.

대회 준비 막바지에는 학생의 약점을 공략하고 대회 준비 전과 비교했을 때 얼마나 성장했는지 꼼꼼히 기록합니다. 그리고 대회 참여 전 미리 학부모님에게 학생의 노력 과정을 알리는 것이 좋습니다.

4) 대회 참가 및 피드백

대회 당일, 빠트린 준비물이 없도록 꼼꼼히 챙겨서 학생들이 당황하지 않고 편안하게 실력을 발휘하도록 돕습니다. 결과에 집착하기보다는 준비하는 과정에서 스스로 얼마나 성장했는지에 집중하며 즐겁게 실력을 발휘하도록 독려합니다. 이른 아침 학생들의 집결, 인솔, 대회 참가 그리고 귀가까지 꼼꼼히 챙기도록 합니다.

대회 참가 후에는 평가 결과에 따른 피드백 절차가 꼭 필요합니다. 수상 내용은 학부모님과 학생의 동의하에 홍보 자료로 활용합니다. 또한, 모든 참가자가 수상한다면 좋겠지만 그렇지 못한 경우도 대비해야 하겠지요? 수상자와 탈락자 모두 결과를 떠나 과정에서 기울인 노력에 칭찬을 해 주어야 합니다. 또한, 성장을 축하하는 파티를 마련하거나 지금까지 원장님이 기록한 준비 과정을 함께 되짚어 보며 학생들을 격려해 주면 대회 참가의 모든 과정을 성공적으로 마무리할 수 있습니다.

우리는 교육을 팝니다.

우리는 교육을 팝니다.
하지만 중요한 것은 '좋은 교육'을 '많이' 팔아야 한다는 것입니다.

교육 VS 사업

대부분의 원장님들이 고민하는 부분이 아닐까 싶습니다.

학원이라는 일의 특성을 '교육 서비스업'이라고 정의를 하고 있으니 당연히 두 가지 모두 소홀히 할 수 없는 부분입니다. 하지만 분명한 것은 우리의 일이 서비스업의 일종이라 정의된다 해도 교육을 받는 학생의 인생에 약소하게나마 영향을 줄 수 있다는 점입니다. 이것은 단순하게 물건을 판매하는 판매업이나 생활의 편의를 제공하는 서비스업과는 분명 다른 영역으로 접근해야 할 필요가 있다는 것입니다.

개원을 하면 홍보에 분명히 신경을 쓰시게 될 것입니다. 포털사이트에 학원을 등록하고 SNS 계정을 만들어 학원을 홍보하며, 여러 가지 매체를 통해 학원의 이름을 알릴 수 있는 방법을 연구하게 되실 것입니다. 그리고 주변 원장님들께 좋은 홍보 수단을 묻기도 하실 것입니다. 그때마다 듣게 되는 좋은 방법 중 하나는 '입소문'입니다.

아무리 초기에 홍보를 많이 해서 학생들이 모인다고 해도 학원이라는 업종의 특성상 학생들의 성적에 좋은 결과가 나오지 않으면 초기의 홍보 효과는 무용지물이 되어버립니다. 어쩌면 겉만 번지르르하다는 최악의 소문을 얻게 될지도 모르지요.

하지만 홍보가 하나도 없다 해도 학생들이 좋은 결과를 낸다면 학생과 학부모님의 입소문이나 후기를 통해 분명 차근차근 학생들이 모여들게 될 것입니다. 홍보를 하지 말라는 이야기가 아니라 학생들을 모을 수 있는 홍보도 중요하지만 그 학생들이 자발적으로 홍보할 수 있도록 잘 가르치는 것이 먼저라는 이야기입니다.

학생들을 '수강료를 내는 대상'으로만 보는 원장님도 많이 만나보았습니다. 어떻게 해서든 학원의 많은 수업을 듣게 하려고 학생들을 유도하는 상황역시 부지기수였습니다. 처음 몇 번, 몇 명은 그렇게 해서 학원에 이익을가져다 줄지도 모릅니다. 하지만 학생도, 학부모님도 그런 얄팍한 상술을결국 눈치채는 시기가 옵니다. 그때가 되면 퇴원생은 걷잡을 수 없이 늘어나게 되고, 한 번 무너진 학생들의 신뢰를 다시 쌓기 힘든 상황이 됩니다.그렇게 '학원이 학생으로 장사를 한다.'는 입소문이 퍼지게 되면 그 학원은다시 학생을 모으기도 힘든 지경에 이르게 됩니다. 그야말로 눈앞의 작은이익에 혹해서 벌어지는 참사를 겪게 되는 것이지요.

결국 '사업적 마인드'를 장착하고 제대로 교육을 팔아보겠다던 일부 원장님은 장기전에서 고배를 마시고 맙니다. 사업적 마인드를 가지고 교육을 하는 것과 교육을 뒷전으로 두고 장사를 하겠다는 것은 전혀 다른 뜻입니다.

생각해 보세요.

교육업만큼 고객과 지속적으로, 오랜 기간, 큰 금액을 들여서 만나는 일이 무엇이 있을까요? 한 달에 수십만 원씩 들여가며 짧으면 몇 개월, 길게는 몇 년입니다. 적지 않은 시간을 내어 고객과 교류하는 것이 우리가 하는 일입니다. 그러니 처음에는 교육에 집중하세요.

그 과정에서 조금의 손해를 보는 것 같고, 괜한 일을 하는 것은 아닌가 싶기도 할 것입니다. 하지만 조금의 손해는 미래를 위한 과감한 투자로 여기는 것이 옳습니다. 예를 들어 원장님께서 수업에 자신이 있고 시범 수업으로 학생을 사로잡을 자신이 있다면, 시범 수업 한 번은 무료로 듣게 하는 것은 어려운 일이 아닐 것입니다. 또는 동영상 강의를 계속 만들 계획이 있는 원장님이시라면 샘플 강의를 한두 개 공개하는 것도 하나의 방법일 것입니다. 당연한 이야기겠지만 학생 한 명에게 억지로 수업 하나를 더 듣게 하여 수강료를 조금 더 받기보다는, 지금 듣고 있는 수업에서 좋은 결과를 만들고 그 결과로 다른 학생들까지 찾아올 수 있는 학원을 만들어 전체의 수입이 늘도록 하는 것이 목표가 되어야 하는 것입니다. 사업의 영역은 교육이라는 부분이 어느 정도 궤도에 올랐을 때 신경을 써도 늦지 않습니다.

취미로 하는 일이 아니라 생계를 걸고 하는 일인 만큼 투자한 시간 대비 높은 매출을 목표로 하는 것은 분명 권장할 만한 일입니다. 다만 사업적 마인드는 학생들에게 높은 퀄리티의 교육을 제공하면서 이루어질 때 비로소 장기간 생존이 가능한 '강한 학원'의 면모를 갖추게 됩니다.

정말로 좋은 교육을 많이, 잘 파는 것을 목표로 합시다.

물론 쉽지 않은 일입니다.

시간과 체력과 정성을 아낌없이 투자해야 가능한 일입니다.

그러나 레드오션이라 불리는 상황 속에서 생존하기 위한 필수적인 마인드입니다. 부끄럽지 않게 가르치고, 자신감 넘치게 홍보하고, 끊임없이 배운다면 결국 성공은 여러분의 몫이 될 것이라 확신합니다.

원장님들의 계속될 성장을 응원합니다.

저자 일동

좋은 책을 만드는 길, 독자님과 함께 하겠습니다.

절대 실패하지 않는 작은 학원 운영 백서

초판2쇄 발행	2024년 03월 05일 (인쇄 2024년 02월 13일)
초 판 발 행	2024년 02월 20일 (인쇄 2024년 01월 19일)
발 행 인	박영일
책 임 편 집	이해욱
저 자	정영은 · 김선희 · 지슬기 · 서영란 · 백지하 · 송태원
편 집 진 행	이미림 · 박누리별 · 백나현
표지디자인	박수영
편집디자인	신지연 · 윤준호
발 행 처	시대인
공 급 처	(주)시대고시기획
출 판 등 록	제10-1521호
주 소	서울시 마포구 큰우물로 75 [도화동 538 성지 B/D] 9F
전 화	1600-3600
팩 스	02-701-8823
홈 페 이 지	www.sdedu.co.kr

I S B N	979-11-383-6488-1
정 가	19,000원